Advanced Selfie – Die Kunst des Selbstporträts

Advanced Selfie – Die Kunst des Selbstporträts

Midas Collection
Ein Imprint der Midas Verlag AG
ISBN 978-3-03876-186-0

1. Auflage

Übersetzung: Claudia Koch
Lektorat/Korrektorat: Friederike Römhild
Layout: Ulrich Borstelmann
Cover: Agentur 21

Midas Verlag AG
Dunantstrasse 3, CH-8044 Zürich
E-Mail: kontakt@midas.ch
www.midas.ch

Englische Originalausgabe:
Laurence King Publishing Ltd, London

Vektorzeichnungen: Akio Morishima

Die deutsche Nationalbibliothek verzeichnet diese Publikation in der Deutschen Nationalbibliografie; detaillierte bibliografische Daten sind im Internet unter www.dnb.de abrufbar.

Advanced Selfie – Die Kunst des Selbstporträts

So zeigen Sie sich von
Ihrer schönsten Seite

Sorelle Amore

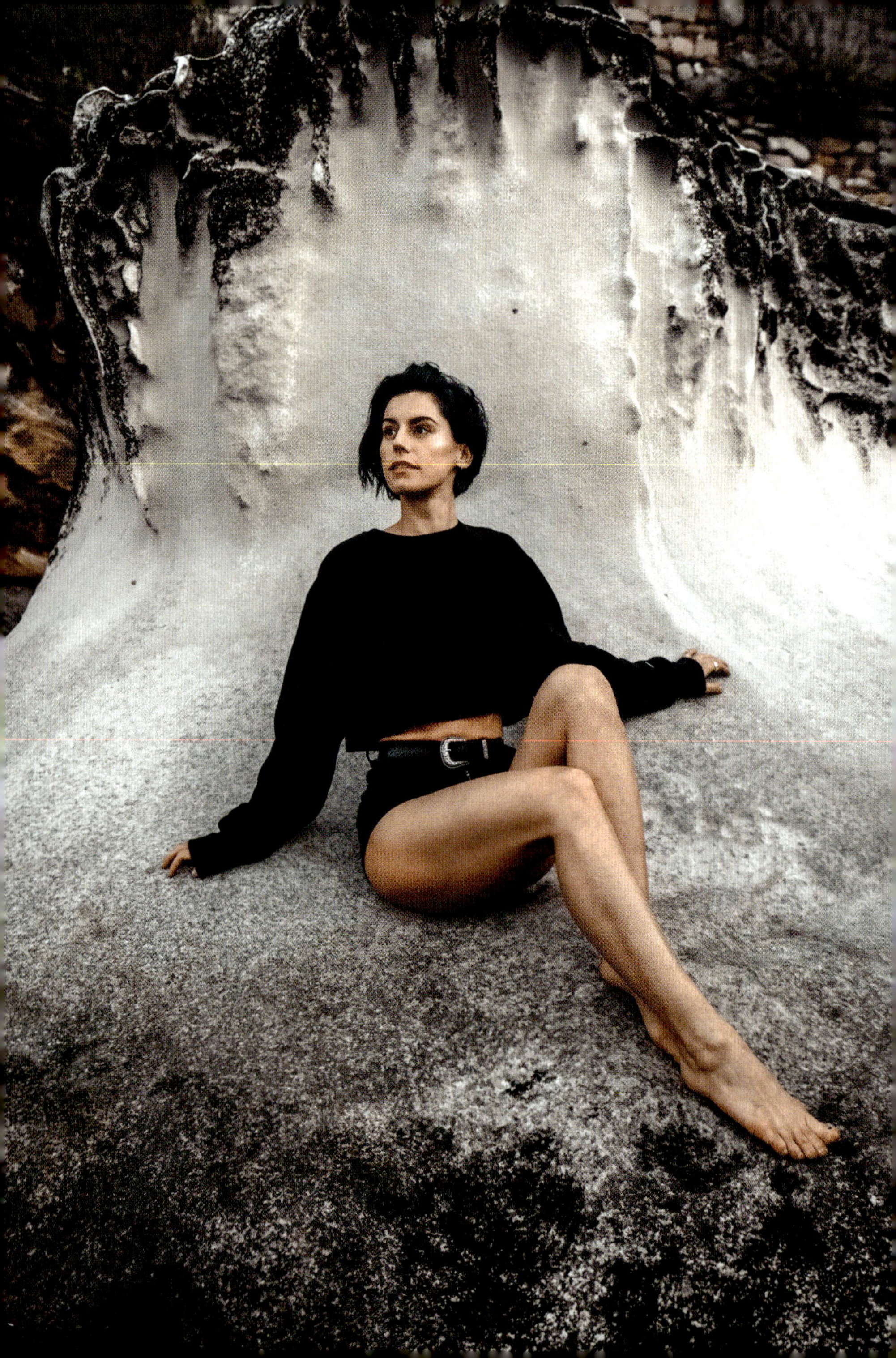

Inhalt

Einführung: Notwendigkeit und Entstehen einer neuen Kunstform

Mein erster Kontakt mit Selbstporträts war reiner Zufall. Ich war seit etwa zwei Jahren Fotografin, wenn auch kein Profi. Durch ein Praktikum und viel Übung saugte ich so viel Wissen wie möglich hinter einer Kamera auf. Ich versuchte, die Schönheit von Mutter Natur einzufangen, und machte endlose Fotos von anderen Frauen. Während meiner Zeit als Fotografin verfeinerte ich meine Fähigkeiten, ihnen vorteilhafte Posen zu zeigen, um sie möglichst gut zur Geltung zu bringen und ihnen wiederum zu helfen, sich in ihre eigenen Bilder zu verlieben. Das war wohl das Wichtigste, was ich dabei gelernt habe: großartige Aufnahmen von mir selbst zu machen.

Dennoch war meine Reise als Fotografin eigentlich recht durchschnittlich, bis sich eine Art Märchen ereignete: Ich ergatterte einen Job, bei dem ich drei Monate lang in Vollzeit um die Welt reisen, in luxuriösen Häusern wohnen und ein Dutzend Länder besuchen »musste«! Ja, furchtbar, ich weiß! Dabei sollte ich nicht nur die schönen Häuser, sondern auch mich selbst fotografieren. Und leider würde mich auch kein professioneller Fotograf oder »Plus eins« begleiten. Ein einfaches Kamera-von-vorn-Selfie würde qualitativ nicht ausreichen, also musste ich lernen, mich selbst in diesen herrlichen Häusern ebenso herrlich einzufangen, um ihnen gerecht zu werden.

Anfangs war ich überzeugt, dass ich kein gutes Foto von mir selbst machen konnte. Ich kam mir zu groß, zu schlaksig und zu unbeholfen vor, mit einem riesigen Mund. Ich traute mich nicht vor die Kamera. Doch was blieb mir weiter übrig … ich übte. Ich spielte. Ich experimentierte. Ich lernte. Wie Sie lesen werden, lief der Anfang meiner Reise nicht glatt, und ich sah bestenfalls wie eine Vogelscheuche aus. Aber eine kleine Stimme sagte mir, ich solle dabei bleiben. Also machte ich noch ein Foto und noch eins …, mit der winzigen Hoffnung im Hinterkopf, dass ich vielleicht eines Tages Bilder von mir selbst haben würde, die mir nicht nur gefallen würden, sondern die ich *lieben* würde.

Ich fand relativ schnell heraus, wie ich Bilder von mir selbst machen konnte, die auch in einem Modemagazin unterkommen – mit nichts weiter als einer Kamera und ein paar einfachen Werkzeugen. (Dabei hatte ich vorher Null Erfahrungen als Model und meine Erfahrung hinter einer Kamera war noch ziemlich begrenzt). Schließlich nannte ich meine Methode der Selbstfotografie »Advanced Selfie«, weil ich den Prozess weniger seriös erscheinen lassen wollte (eigentlich ist es nur eine lustige Übung, zu lernen, sich selbst zu fotografieren).

Zwei Jahre später hatte ich bereits mehr als 1.000 dieser Selbstfotografie-Kunstwerke geschaffen (zu finden bei Instagram @sorelleamore). Ich bin beides – Fotografin und Model. Die Bilder sind offenbar ganz gut angekommen, mein Instagram-Publikum ist inzwischen auf eine halbe Million Follower angewachsen. Mein Durchhaltevermögen hat dazu geführt, dass Millionen Menschen meine Videos gesehen haben, Medien auf der ganzen Welt haben von mir berichtet und jetzt gebe ich Ihnen meine künstlerischen Fähigkeiten weiter.

Ich habe außerdem die Advanced Selfie University gegründet (www.advancedselfie.co), wo ich bereits über 4.500 Kursteilnehmern gezeigt habe, wie sie meine Methode

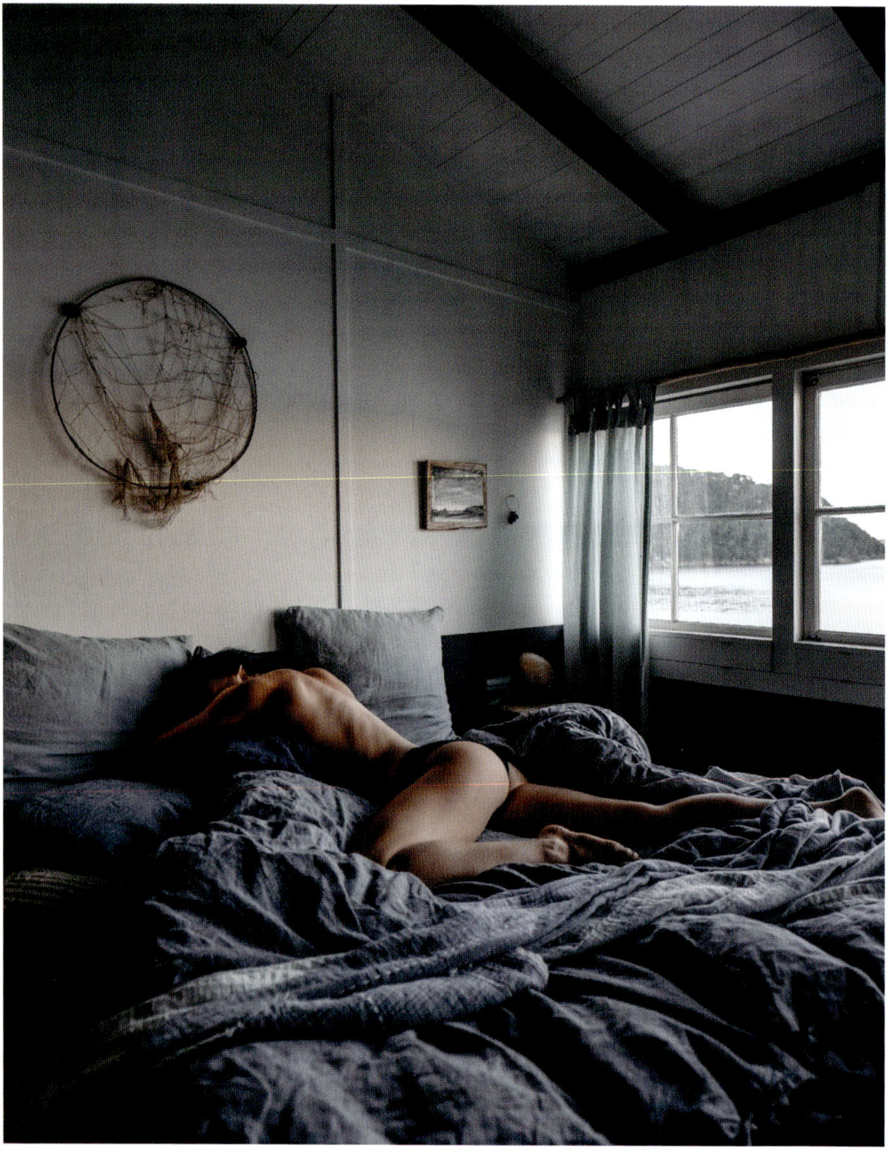

Als ich meine Advanced-Selfie-Reise begann, konnte ich wirklich nicht gut fotografieren. Viele schlechte Fotos waren der Beweis. Die Fotos waren mir peinlich, also begann ich, mich heimlich selbst zu fotografieren – und schöpfte Hoffnung. Langsam begann ich zu glauben, dass mir meine Fotos bald das Gegenteil beweisen würden. Glücklicherweise taten sie es.

der Selfie-Fotografie perfektionieren können. Meine Videos auf YouTube (ich habe inzwischen mehr als 1 Million Follower) zu Themen wie Selbstporträts, Fotografie und Posen wurden bereits mehr als 35 Millionen Mal angeschaut, der Hashtag #AdvancedSelfie wurde auf Instagram bei mehr als 150.000 Bildern verwendet. Ich habe das Advanced Selfie zwar ins Leben gerufen, inzwischen aber hat es sich verselbstständigt.

Es klingt zwar komisch, ist aber so: Es gehört zu meiner Arbeit, Fotos von mir selbst zu machen und anderen beizubringen, wie das am besten geht. Vor zwanzig Jahren mag das vielleicht noch völlig abwegig gewesen sein, aber in der heutigen digitalen Welt ist es gar nicht so ungewöhnlich, eine solche Kunstform als Beruf auszuüben (auch wenn sich manche noch immer darüber wundern).

Ein *Job*, sicher. Aber eine *Kunstform*? Bestimmt nicht. Doch probieren Sie es erst einmal aus. Die Ausdrucksmöglichkeiten sind endlos. Sie müssen sich nur die Grundlagen aneignen und vielleicht ein wenig Selbstvertrauen fassen, dann gehen Sie auf eine spannende und kreative Reise. Als ich anfing, hätte ich mir nicht vorstellen können, wohin mich die Selfies einmal führen würden. Und mit diesem Gedanken im Hinterkopf kann ich Sie nur ermutigen. Fangen Sie einfach an.

Ich bin Ihnen sehr dankbar, dass Sie dieses Buch in den Händen halten und sich für meine Kunst interessieren. Diese Kunstform hat mein Leben umgekrempelt, und vielleicht macht sie das auch mit Ihrem. Ich glaube an Sie!

Fangen wir also an …

Sorelle Amore

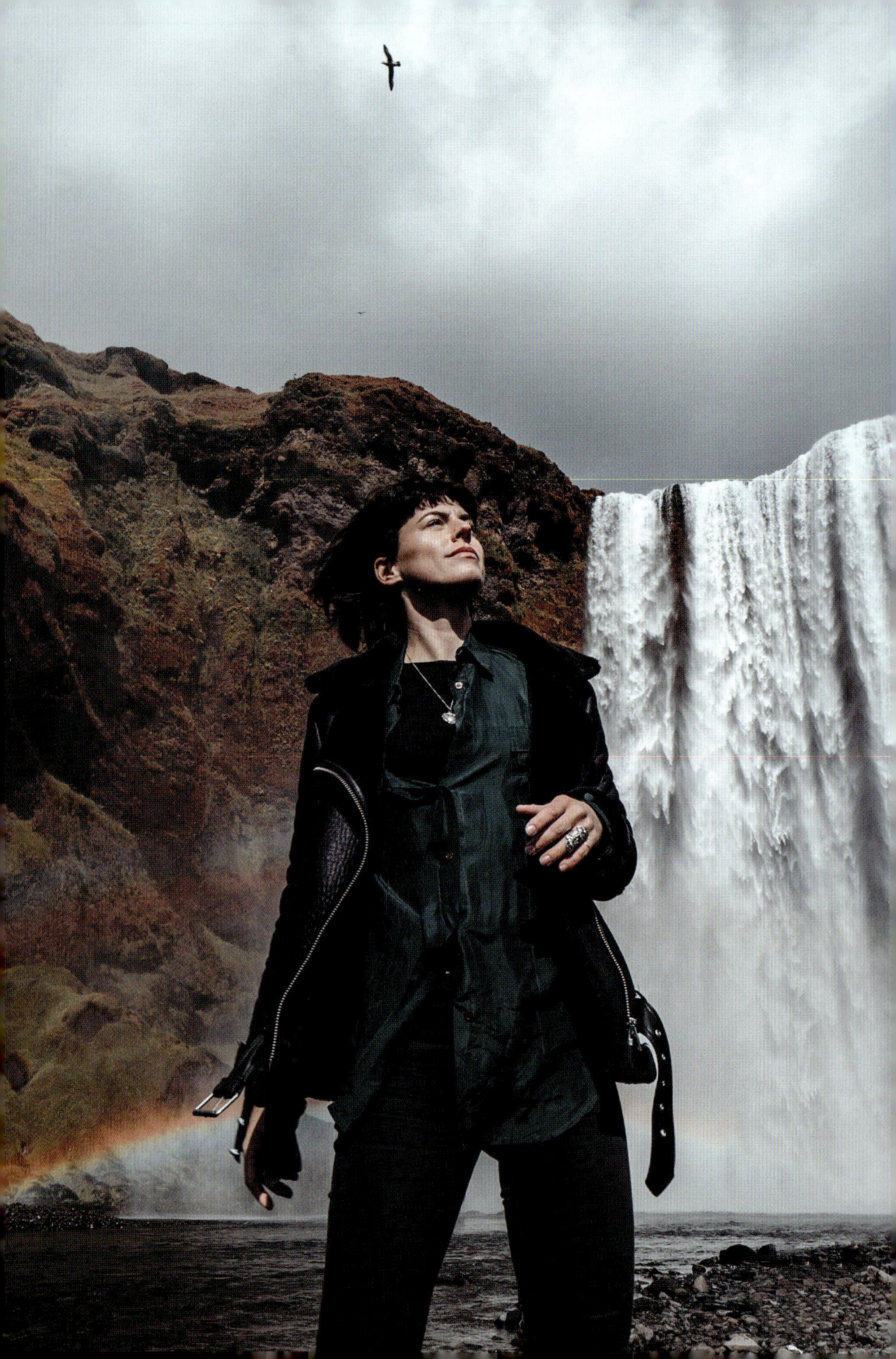

Eine neue Perspektive

Das Selbstporträt als Kunst

Wenn ich mich mit anderen über Selbstporträts oder Selfies unterhalte, werden oft Augenbrauen hochgezogen und Augen gerollt (ich spüre das, auch wenn mein gegenüber seine Augen gut unter Kontrolle hat). Es ist leicht anzunehmen, Selfies wären nichts weiter als Eitelkeiten, aber nachdem ich mich jahrelang mit dem Selfie als Kunstform beschäftigt habe, weiß ich, dass es Selbstporträts als Kunst so lange gibt, wie die Menschen Bilder malen.

Der Mensch ist besessen von der Idee, seinen Platz in der Geschichte der Zeit einzufangen. Ursprünglich drückten wir dies aus, indem wir einfache Zeichnungen auf die Wände von Höhlen kratzten. Mit der Zeit zeichneten wir Bilder von uns selbst auf Papyrus, begannen, Farbe auf die Leinwand zu klatschen, uns mit Worten auf Papier an unser Leben zu erinnern. Schließlich kam die moderne Kunstform der Fotografie hinzu. Wir wollten schon immer einen Teil von uns bewahren, der noch lange nach unserem letzten Atemzug weiterleben wird.

Darüber hinaus sind Selbstporträts eine Möglichkeit für uns, uns selbst zu studieren und die Art und Weise zu verbessern, wie andere uns wahrnehmen. Wenn wir einer fremden Kamera ausgeliefert sind, haben wir oft wenig Kontrolle über das Ergebnis. Und die meisten Menschen empfinden es als entmutigend, sich selbst in einem wenig schmeichelhaften Licht zu sehen.

Indem Sie das Selbstporträt kennenlernen und beherrschen, können Sie sich am besten darstellen. Wie ein Bildhauer, der die Kurven seines Modells in Stein betont, oder ein Maler, der sein Modell auf der Leinwand im perfekten Licht erscheinen lässt, werden Sie lernen, was Sie vor der Kamera

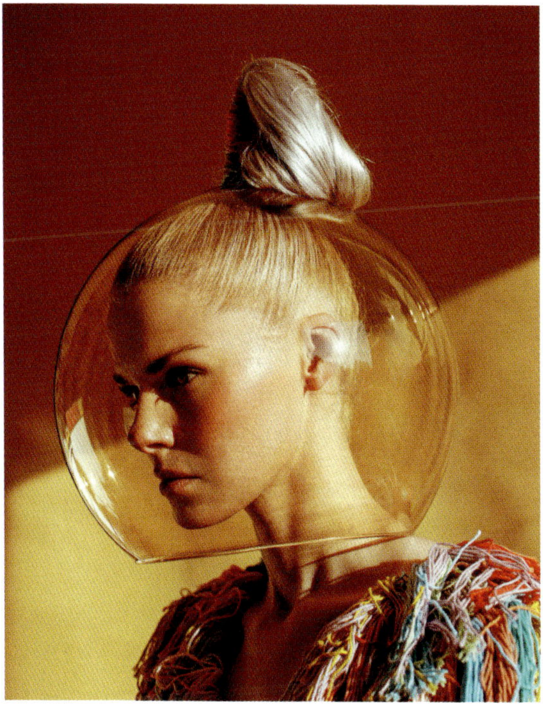

Alexandra Nowak
Das Licht, die Requisiten, die Kleidung, der Gesichtsausdruck und die Pose – all dies passt in Nowaks *Up to Mars*. Alles trägt zur Geschichte bei, lässt den Betrachter innehalten und führt zu einer eigenen Interpretation – hat also alle Eigenschaften eines großen Kunstwerks.
@lex_nowak

hervorhebt und wie Sie jene Winkel vermeiden, die für ihre Gesichtszüge unvorteilhaft sind.

Die Definition ist vielleicht wissenschaftlich nicht korrekt, aber wenn ich so über das Selfie nachdenke, kann ich nicht umhin, es als Kunst zu betrachten. Wie jede Kunstform erfordert es die richtige Ausführung. Sie werden im Laufe der Zeit mit Übungen zur Selbstwahrnehmung und Selbstverbesserung lernen, wie man das macht.

Das Ergebnis? Mehr als nur großartige Fotos von sich selbst. Sie werden sich in einem neuen Licht sehen, weil Sie gelernt haben, wie Sie sich selbst am besten im Bild festzuhalten. Diese neue Perspektive wird es Ihnen ermöglichen, in jedem Teil Ihres Lebens größere und bessere Dinge zu schaffen und leichter Ihren Platz in der Welt zu finden.

Selfie-Tabus

Wenn Sie an ein Selfie denken, haben Sie schnell die bekannten Bilder aus den sozialen Medien vor Augen: Nahaufnahmen, vielleicht ein frecher Schmollmund, wo Hände, Telefone oder ein Selfie-Stick zu sehen sind. Das Advanced Selfie ist genau das Gegenteil.

Hier geht es um Kunst und Kreativität, nicht um eine gewisse Schönheit, Größe, Geschlecht, Form, Nationalität oder Ethnie. Grenzen gibt es nur in Ihrem Kopf. Sie können Gefühle einfangen und mit Ihren Bildern eine Geschichte erzählen und bestätigen: Ein Bild sagt mehr als tausend Worte. (Das kann kein normales Selfie von sich behaupten.)

Ein Advanced Selfie strebt auch nicht nach Perfektion, und es versucht auch nichts darzustellen, was Sie eigentlich gar nicht sind. Es geht ums Entdecken. Verlieren Sie sich selbst im kreativen Prozess und erwecken Sie eine komplexe Vision zum Leben, sei es mit Requisiten, dem Hintergrund, der besten Beleuchtung oder Emotionen. Das ist der Zeitpunkt, an dem sich Ihr Werk vom Trivialen zu etwas entwickelt, das Respekt verdient hat.

Mit den Techniken in diesem Buch bekommen Sie eine Vorstellung davon, wie ein Selfie auch sein kann. Von den folgenden Tabus sollten Sie sich aber besser fernhalten.

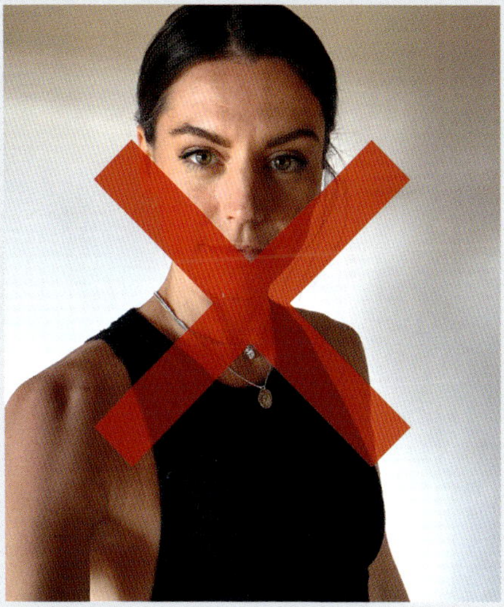

Arm im Bild
Allzu oft sehen wir in Selfies einen Arm, der eindeutig das Foto aufnimmt. Investieren Sie in ein Stativ und einen Fernauslöser (siehe die Seiten 68 und 70), und Ihre Aufnahmen lassen nicht mehr den Hauch eines Selfies erkennen.

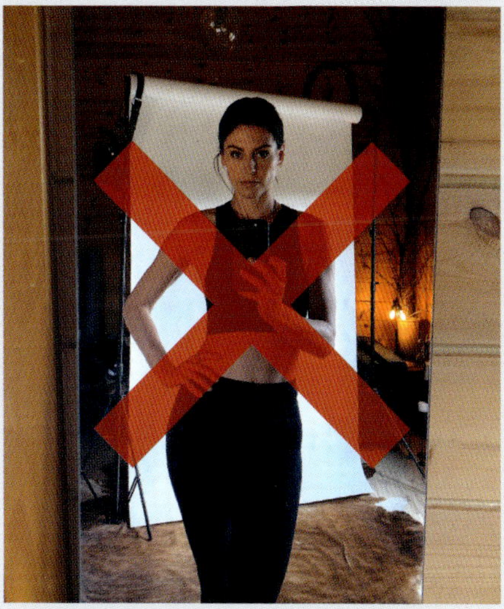

Kamera im Spiegel
Die Leute tun dies entweder bei Ganzkörperaufnahmen oder um die schlechte Auflösung der Selfie-Kamera zu kaschieren. Mit Timer und Fernauslöser können Sie Ganzkörperaufnahmen machen, und mit einer DSLR bekommen Sie die beste Auflösung.

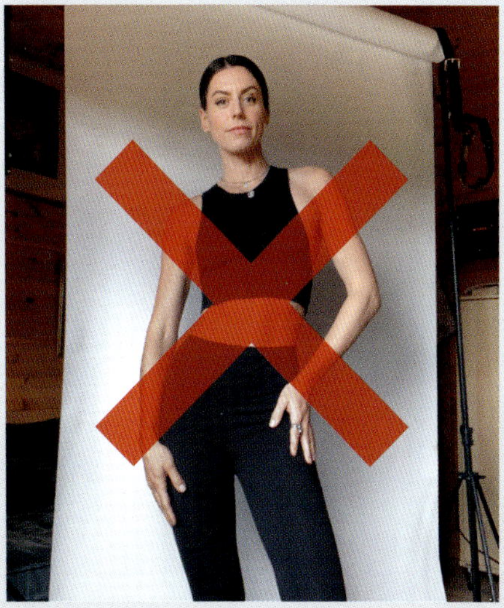

Wenig Aufwand
Es kann einige Minuten dauern, in den Selfie-Modus zu schalten und in einem vorteilhafteren Winkel aufzubauen. Aber wenn Sie etwas Aufwand treiben und eine komplexe Vision schaffen, heben Sie Ihr Selfie auf eine neue Ebene.

Warum das Advanced Selfie Ihre Welt verändern wird

- Wir alle mögen tolle Fotos von uns selbst. Sie steigern unser Selbstwertgefühl und helfen uns, das Leben besser anzugehen. Ein gutes Gefühl für unser Aussehen gibt uns einen Auftrieb, den man mit Geld nicht kaufen kann.

- Wenn Sie sich gut fühlen, kommen Sie besser klar, in der Familie, in Beziehungen und in der Gesellschaft. Sie fühlen sich geistig besser und werden ein objektiv besseres Leben führen. Ich könnte also behaupten, Advanced Selfies verbessern das Leben!

- Mit tollen Fotos von sich selbst wirken Sie gelassener – im Leben, bei Dating-Apps, bei Instagram und im Geschäftsleben. Ob Sie es mögen oder nicht, die Leute werden Sie anhand Ihrer Bilder beurteilen. Welchen Eindruck machen Sie mit den Fotos, die Sie von sich selbst zeigen?

- Als Künstler, Models, Schauspieler, Musiker, Influencer brauchen Sie großartige Bilder, um sich als Marke zu verkaufen. Mit dem Advanced Selfie brauchen Sie keine Fotografen einzustellen und können eine Menge Geld sparen! Eigentlich gilt dies auch für jeden, der ein eigenes Geschäft hat, einschließlich Unternehmer, Zahnärzte, Ärzte, Immobilienmakler, Freiberufler und alle anderen Berufszweige. Grundsätzlich kann jeder, der ein öffentliches Image pflegt, von diesem Buch profitieren.

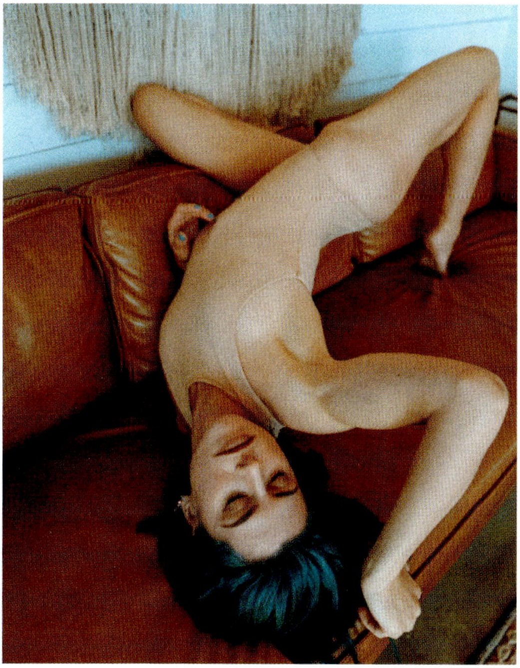

Warum ist dieses Konzept so gut? Es erlaubt uns, die Schönheit in jedem Menschen zu entdecken und das Selbst durch kreativen Ausdruck zu feiern.

- Sie sparen Geld, wenn Sie Ihre eigenen Fotos machen, anstatt Fotografen einzusetzen, die Sie vielleicht nicht einmal so aufnehmen, wie Sie gerne präsentiert werden möchten.

- Sie werden viel bessere Reisefotos machen. In Zukunft werden Sie auf erstaunliche Abenteuer mit Freunden und Familie zurückblicken können, weil die schönen Aufnahmen, die Sie gemacht haben, die Erlebnisse wirklich widerspiegeln.

- Am Ende erhalten Sie atemberaubende Bilder, die Ihre besten Seiten zeigen und mit denen Sie Ihren jetzigen oder zukünftigen Partner, Ehepartner, Kinder, Enkelkinder, andere Familienmitglieder und Freunde beeindrucken können. Bilder, die Ihre Kinder an ihre Kinder weitergeben können. Es ist eine großartige Möglichkeit, Ihre Geschichte und alle besonderen Momente festzuhalten.

- Wenn Sie bereits Fotograf sind, werden Sie Ihre Kunst besser verstehen, unter anderem, wie Sie Ihre Kunden posieren lassen, wie Sie ihnen helfen können, ihre Ängste zu überwinden, wie Sie es ihnen angenehmer machen und wie Sie die besten Ergebnisse erzielen können. Ein besseres Motiv bedeutet bessere Bilder, und das wiederum bedeutet für Sie mehr Aufträge und Empfehlungen – mehr Geschäfte und mehr Geld in der Tasche.
- Seit ich mit meinen Selbstporträts begonnen habe, fühle ich mich vor der Kamera wohl, auch wenn es mir anfangs sehr unangenehm war. Ich habe herausgefunden, wie ich mich der Welt im Alltag besser präsentieren kann, nicht nur vor der Kamera. Ich weiß jetzt, welche Outfits mir gut stehen, welche Frisuren und welche Haltung vorteilhaft wirkt. Das wirkt sich positiv auf mein Selbstbewusstsein aus. Advanced Selfies haben mir einen tieferen Einblick in mich selbst gegeben. Das hätte ich nie für möglich gehalten. Es war ein seltsamer und unerwarteter Tieftauchgang in meine eigene persönliche Entwicklung.

Erfinden Sie sich neu

Haben Sie sich schon einmal in Ihrer eigenen Persönlichkeit gefangen gefühlt? Mir ging es so mit meiner Persönlichkeit, die erst während meine Lebens geschaffen wurde. Ich glaube, damit haben wir alle zu kämpfen, und es ist nicht leicht herauszufinden, wie wir uns von dieser Persönlichkeit lösen, neue Teile unseres höheren Selbst durchscheinen lassen oder uns kreativer ausdrücken können. Vielleicht fühlen wir uns deshalb in der heutigen Zeit zu Berühmtheiten hingezogen, die ihr Aussehen und ihre Haltung ständig ändern, weil wir so stellvertretend durch sie leben können.

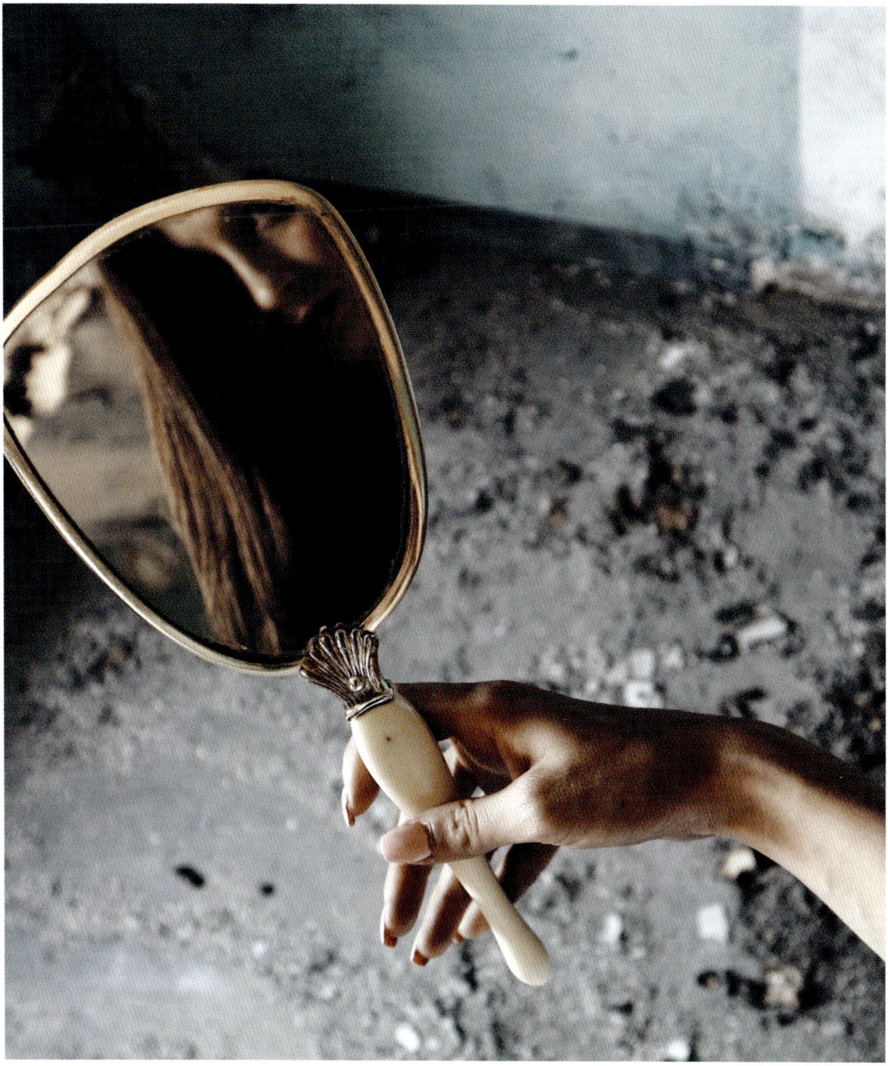

Cinthya Bufano
Ein Spiegel ist eine clevere Art und Weise, Ihrem Selbstporträt eine weitere Ebene der Neuerfindung hinzuzufügen, so wie es Bufano hier tut. Was ist die alternative Realität, die reflektiert wird?
@adrian128k

Das Selbstporträt als künstlerisches Mittel kann die Tiefen Ihrer Seele ausdrücken. Meine persönlichen Bilder sind oft extrem dunkel und launisch, mit einem Element der Kontemplation, und manchmal glamourös und weiblich. Das ist genau das Gegenteil von dem, was die meisten Menschen im »wirklichen« Leben von mir kennen, wenn ich sehr sprudelnd, lächelnd, ein bisschen lächerlich, ein Witzbold und ein ziemlicher Wildfang bin. Ich habe keine Lust, Bilder einzufangen, die diese Seite von mir widerspiegeln, da ich diesen Teil von mir selbst jeden Tag voll und ganz lebe.

Das Selfie kann eine Gelegenheit sein, sich anders oder ausführlicher auszudrücken. Tatsächlich empfehle ich, es so zu betrachten. Wenn Ihnen zum Beispiel wiederholt gesagt wurde, dass Sie ein bestimmter Typ sind – zum Beispiel »Sie sind sehr schüchtern« – möchten Sie vielleicht in Ihren Bildern das Gegenteil darstellen, und sei es nur, um den neuen Charakterzug auszuprobieren. Es kann etwas Interessantes passieren. Die neuen Persönlichkeitsmerkmale, die Sie in Ihren Fotografien verkörpern wollen, könnten in Ihr tägliches Leben sickern. Das könnte Ihnen auf vielfältige Weise zugute kommen.

Ihr Bild wählen Sie

Freunde, Familie, Kollegen und andere, mit denen wir regelmäßig zu tun haben, neigen dazu, uns mit einem bestimmten Pinsel zu malen, je nachdem, für wen sie uns halten. Es kann schwierig sein, die Meinung der Menschen zu ändern. Aber das Schöne an Selfies in Kombination mit sozialen Medien ist, dass man eine Online-Version von sich selbst erstellen kann, die widerspiegelt, wie man gesehen werden möchte. Wenn Sie ein Unternehmen leiten oder Influencer sind, wird Ihr Publikum keine andere Wahl haben, Sie als selbstbewusst wahrzunehmen, wenn Ihre Bilder das darstellen.

Genauso ist es, wenn Sie online einen Partner suchen, über Internet-Dating oder eine App wie Tinder. Natürlich wollen Sie der Welt die beste Version von sich selbst zeigen, und weil Sie es mit Unbekannten zu tun haben, ist es eine Chance, die Version von sich selbst zu zeigen, die Sie ihnen zeigen wollen.

Nun sage ich natürlich nicht, dass Sie sich als etwas zeigen sollten, das Sie nicht sind. Aber Eigenschaften wie Vertrauen tragen wir alle von Natur aus in uns. Wir sind aber ein wenig aus der Übung gekommen, es nach außen zu zeigen. Ihre Bilder können das Vertrauen und die Stärke, die Sie in sich tragen, nach außen zeigen, und sie werden als Plattform für Ihr Alter Ego dienen, das in der realen Welt entstehen wird.

Ihre Herausforderungen

Sie werden sich ziemlich unbehaglich fühlen, wenn Sie anfangen, Ihre eigenen Selfies zu machen. Wie bei allem, was Sie noch nie gemacht haben, werden Sie ein wenig scheitern.

Es gibt eine Menge zu bedenken: die Beleuchtung, die Art und Weise, wie Sie Ihren Körper positionieren, die Winkel Ihres Gesichts, die Einstellungen und die Position Ihrer Kamera, wie der Hintergrund eingerahmt ist, der Körper, die Regeln der Fotografie, die Kleidung, Ihr Gesichtsausdruck, die Emotion, die Sie zu porträtieren versuchen, und das Storytelling. Und Sie müssen versuchen, all dies in den wenigen Sekunden zwischen dem Drücken der Auslöseverzögerung

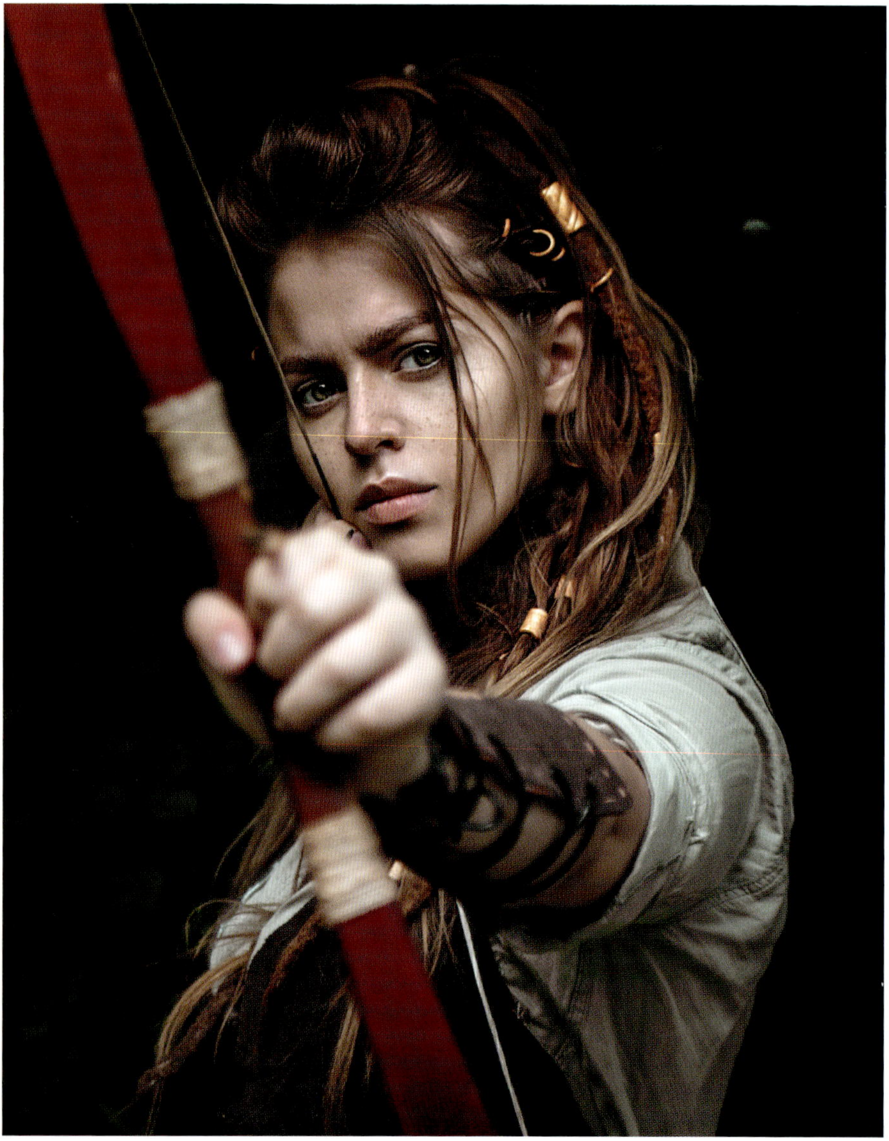

Lenke Magyary
In diesem eindrücklichen, actionreichen Bild, Ergebnis eines langwierigen Fotoshootings, hat Magyary jedes Element berücksichtigt: Frisur, Gesichtsausdruck, Kleidung und Hintergrund. Sie hat sogar die Requisiten selbst angefertigt.
@lenkexplores

an der Fernbedienung Ihrer Kamera und der Aufnahme des Bildes in Ordnung zu bringen.

Anfangs brauchen Sie eine Stunde für ein brauchbares Foto. Möglicherweise füllen Sie eine Speicherkarte oder Ihren Telefonspeicher und haben nicht eine einzige Aufnahme, die Ihnen gefällt. Und am Ende haben Sie vielleicht das Gefühl, dass Sie eine Menge Zeit verschwendet haben.

Zu Beginn wird es eher chaotisch und Sie überlegen, ob Sie nicht lieber aufgeben. Und Sie sich fragen, warum Sie sich überhaupt mit einer Branche beschäftigen, die so eitel ist wie das Erlernen der Selfie-Kunst. Selbst nach mehreren tausend Bildern geht mir manchmal noch genau das durch den Kopf, wenn es nicht funktioniert.

Selbst mit allem Wissen aus diesem Buch können Ihre ersten Bilder wenig schmeichelhaft, kitschig oder langweilig sein. Und weil die Medien und das Fernsehen Sie glauben lassen, dass die ganze Welt immer wie ein Supermodel aussehen soll, denken Sie vielleicht, nur Sie könnten das nicht. (Erlauben Sie mir, Ihnen ein Geheimnis zu verraten: Sie irren).

Vor Jahren hatte ich das Glück, ein Praktikum im Weltklasse-Fotostudio Sherbet Birdie im australischen Sydney zu absolvieren, wo wir sogenannte Alltagsmenschen fotografierten und sie in Fotos jenseits ihrer kühnsten Träume verwandelten. Sehr oft kamen Kunden in der Überzeugung, es sei unmöglich, ein gutes Foto von ihnen zu machen. Doch eigentlich wünschten sie sich nichts mehr als das. Und siehe da: Praktisch jeder Kunde fiel vor Schock und Freude fast vom Stuhl, als er sah, wie wir ihn darstellen konnten.

Weil wir wussten, wie man jemanden mit der Kamera einfangen kann (unter Berücksichtigung der Beleuchtung, der Einstellungen und des Hintergrunds) und was seine Schönheit auf einem Foto zur Geltung bringen würde (einschließlich der Pose, der Garderobe, der Haare und des Make-up), waren wir in der Lage, ihr Selbstbild vollständig zu verändern, selbst wenn sie glaubten, es gäbe keine Hoffnung. Es kam alles auf die Fähigkeiten an, die durch Wiederholung erlernt wurden. Das werden Sie lernen, wenn Sie die Grundlagen für die Aufnahme eines außergewöhnlichen Selfies in die Praxis umsetzen.

Ja, es kann einige Zeit dauern. Am Anfang vielleicht sogar Stunden, bis Sie auch nur eine einzige Aufnahme bekommen, die Ihnen gefällt. Aber mit genügend Übung werden Sie irgendwann in der Lage sein, mit einem Minimum an Ausrüstung ein ganz besonderes Bild einzufangen, das Ihr Selbstvertrauen stärkt und Ihre Seele mit Freude erfüllt. Wie so oft mag es anfangs herausfordernd sein, aber irgendwann wird es zu einem angenehmen, befriedigenden Prozess, der zu Kunstwerken führt, die Sie am liebsten sofort mit der ganzen Welt teilen wollen.

Realistische Erwartungen

Es ist Zeit für einen Realitätscheck. Trotz allem muss ich an dieser Stelle feststellen, dass es einige Leute hinter der Kamera leichter haben als andere. Da sind die Angelina Jolies, die George Clooneys und die Winnie Harlows der Welt, die viele von uns neidisch anschauen und sich wünschen, wir hätten auch diese Wangenknochen, diese Augen oder dieses Lächeln.

Doch vergessen wir nicht: Wir alle sind mit einem eigenen genetischen Werkzeugkasten auf die Welt gekommen und haben darin unsere Spezialwerkzeuge. Es liegt an uns, unsere eigene Schönheit zum Strahlen zu bringen. Selbst wenn wir anders aussehen als Stars auf Plakaten oder in den Medien, bedeutet das nicht, dass mit der Haut etwas nicht in Ordnung ist. Tatsächlich kann Einzigartigkeit in der heutigen Welt von großem Nutzen sein.

Wenn Sie mega-einzigartig aussehen und nicht wie in den Mainstream-Medien, dann herzlichen Glückwunsch! Es spielt eigentlich keine Rolle, was ich sage; entscheiden Sie selbst, ob Sie diesen Teil von sich selbst loben oder meiden.

Wichtig ist zu verstehen, was Sie schön, besonders, einzigartig oder anders macht, so dass Sie glücklich sein können, wenn Sie dieses einzigartige Geschenk mit der Kamera festhalten. Sie sehen vielleicht nicht aus wie Hailey Bieber oder Tyson Beckford oder wen auch immer Sie sonst noch vergöttern, aber zumindest werden Sie wissen, wann Sie ein fantastisches Foto von sich selbst geschossen haben. Wenn Sie jedoch keine realistische Vorstellung davon haben, was Sie auszeichnet, werden Sie von Ihren Bildern immer enttäuscht sein.

Bei Advanced Selfies geht es darum, sich selbst objektiv und liebevoll zu betrachten und beurteilen zu können, was einem gegeben wurde oder nicht, ohne zu urteilen. Ihre Schönheit zu akzeptieren und zu sehen, wie Sie sind, statt gegen sie zu arbeiten, wird Ihnen nicht nur inneren Frieden geben, sondern Ihnen auch auf Ihrer Reise in die Selfie-Fotografie helfen.

Wie viel Bearbeitung ist zu viel?

Viele Leute haben mir gesagt, wenn sie meine Bilder sehen, denken sie »Whoa! Sie ist wunderschön!« Vor ein paar Jahren hat man mir das nicht oft gesagt. Ich habe zwar ein paar nette Züge, sicher, aber ich habe nicht wirklich Zeit damit verbracht, meine körperlichen Stärken und Schwächen zu studieren. Weil ich mir meiner eigenen Gesichtszüge nicht bewusst war, hatte ich die meiste Zeit meines Lebens die falschen Frisuren, ich trug die falsche Kleidung, mein Make-up war immer falsch und meine Körperhaltung war seltsam. Ich wusste es einfach nicht besser. Ich achtete nicht besonders darauf, um meine prominente Nase, meine Schwimmerinnen-Schultern, meine kleine und knöcherne Brust oder mein riesiges Grinsen, das mich manchmal ein bisschen wie einen Clown aussehen lässt, herum zu arbeiten. (Wobei ich dieses riesige Lächeln eigentlich liebe.)

Aber seit ich Advanced Selfies beherrsche, weiß ich, wie ich diese Eigenschaften nutzen kann, um auf Fotos und, wenn ich will, auch im wirklichen Leben beeindruckend auszusehen. Auf Instagram lese ich immer wieder, dass mein Publikum es zu schätzen weiß, dass ich in Stories mit unordentlichen Haaren, ohne Make-up, mit verschlafenen Augen und schlabberigen Kleidern wie ein totaler Chaot aussehen kann, doch dann stelle ich wieder ein vollendetes Foto auf meinen Feed. Das wirft die Frage auf: Wie viel Veränderung oder Bearbeitung ist nötig, um mich von der Frau, mit der mein Freund morgens aufwacht, zu der kraftvollen und »makellosen« Frau zu machen, die auf meinem Instagram-Feed festgehalten und präsentiert wird?

Das Schöne an der Kunst des Selbstporträts ist, dass Sie Photoshop fast nicht mehr brauchen. Ja, manchmal benutze ich Photoshop immer noch. Ich benutze es, um die Beleuchtung leicht zu verändern oder um hier und da einen Schatten zu entfernen, wenn ich das Gefühl habe, dass meine Nase falsch beleuchtet wurde und ich dadurch wie eine Hexe aussehe. Ich bin nicht gegen Bildbearbeitung, sie ist okay, wenn es darum geht, kleinere Details zu korrigieren, die sonst niemandem auffallen würden. Wie die meisten Leute bin ich mein eigener schlimmster Kritiker, und es gibt einige Dinge,

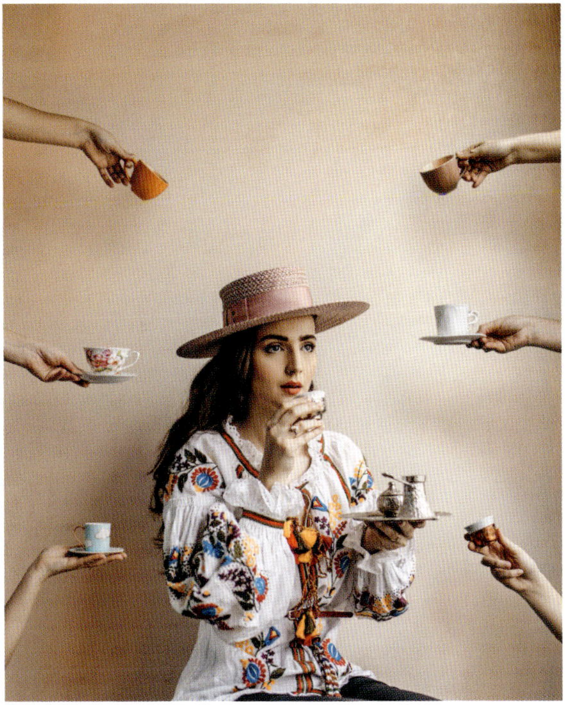

Aida Đapo
Statt mit Photoshop an Ihrem Aussehen zu feilen, nutzen Sie es lieber kreativ, wie es Đapo hier mit extra Händen und Teetassen zeigt.
@iddavanmunster

die meiner Meinung nach in der Postproduktion angepasst werden können.

Ich finde es jedoch nicht okay, dass es inzwischen normal zu sein scheint, Fotos so drastisch zu verändern, dass das fertige Bild kaum mehr etwas mit dem Original zu tun hat. Für mich gibt es einen Unterschied zwischen der Stärkung des eigenen Selbstvertrauens und einer Veränderung der Schönheitsstandards, die so weit geht, dass sie unserem kollektiven Selbstwertgefühl schadet.

Nutzen Sie Photoshop ruhig, um Ihren Bildern den letzten Schliff zu verpassen, aber gehen Sie nicht zu weit. Sie wollen schließlich nicht nach einem Fantasiegebilde von sich selbst süchtig werden. Am Ende hasten Sie immer nur einem Idealbild hinterher, das Sie im Spiegel niemals entdecken.

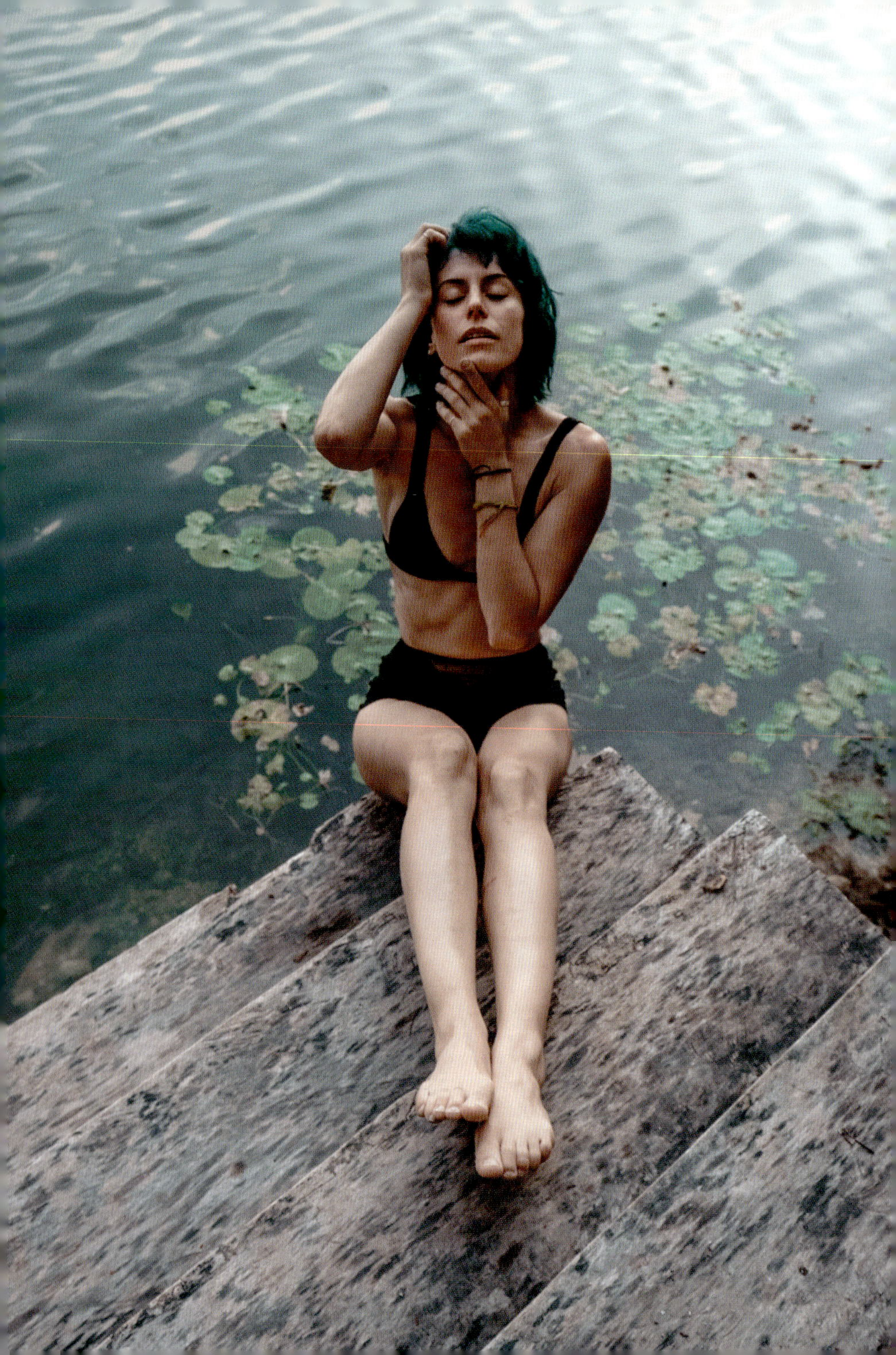

Selbst-
wahrnehmung

Wer sind Sie? Wen wollen Sie darstellen? Wie wollen Sie sich zeigen?

Zu wissen, wer Sie sind, ist ein guter Ansatz für Ihre Reise mit einem Selbstporträt. Diese Art des Fotografierens erfordert eine gute Selbstwahrnehmung und lässt uns viele Entdeckungen unseres Selbst machen. Wenn Sie erst einmal verstanden haben, was Sie mögen, was Sie nicht leiden können und was Sie sonst ausmacht, können Sie wählen, welche Elemente Sie in Ihrer Kunst umsetzen wollen.

Man betont vor allem Dinge an sich selbst und seiner Persönlichkeit, die man liebt, aber es gibt so viel, was mit Kunst geschaffen werden kann, wenn man in einigen der dunkleren oder weniger erforschten Teile des Geistes oder der Seele gräbt. Von dort kommen wahrscheinlich die mächtigsten Bilder, da sie mit Emotionen und Kraft aufgeladen sind.

Schränken Sie sich oder Ihre Kunst nicht ein, weil Sie glauben, Sie müssten jedes Selfie mit allen Menschen teilen. Einige Ihrer Kunstwerke zeigen vielleicht Teile von Ihnen selbst oder Ihre Emotionen, die Sie nicht öffentlich machen wollen. Das ist völlig in Ordnung; Sie müssen nur wissen, dass das Nicht-Ausstellen eines Bildes in keiner Weise seine Kraft oder Schönheit schmälert. Diese Form des Ausdrucks kann manchmal (oder immer) nur für Ihre Augen oder für die Augen eines geliebten Menschen bestimmt sein.

Hier zeige ich Ihnen einige Beispiele für Ihr vielleicht unentdecktes Selbst, dass Sie eventuell zum Leben erwecken möchten.

- Provozierende Fotos
- Düstere Fotos
- Aktfotos
- Fotos des gebrochenen Herzens
- Verzweifelte Fotos
- Fotos im Rollenspiel-Kostüm
- Zaghafte oder schwache Fotos
- Wütende Fotos
- Fiktional inspirierte Fotos
- Mittelalterlich-historische Fotos

All dies können Beispiele für Ihr Schattenselbst sein, das sich in der Psychologie auf Teile von sich selbst bezieht, die man noch nicht vollständig angenommen oder bisher gemieden hat. Wir verspüren zuweilen extreme Gedanken. Meist schieben wir sie beiseite oder drücken diese Gefühle hinter verschlossenen Türen aus. Viele von uns fürchten sich vor Ablehnung oder Lächerlichkeit, oder wir fürchten uns einfach davor, diesen »inakzeptablen« Gefühlen oder Gedanken Raum zu geben. (Ich spreche nicht von Gefühlen, die Menschen tatsächlich dazu bringen, auf gefährliche Weise zu handeln!)

Das Advanced Selfie ist eine Möglichkeit, sich in das Schattenselbst zu graben und jene Teile zu umarmen, die normalerweise verborgen sind. Ein anerkanntes Schattenselbst ist viel sicherer, denn damit können sich die Emotionen in Ruhe entwickeln. Unerkannte und verdrängte Teile des Schattenselbst haben die Tendenz, an die Oberfläche zu sprudeln, was zu Schäden an unserer geistigen und körperlichen Gesundheit führen kann.

Also, werfen Sie sich ins Latex und los geht's!

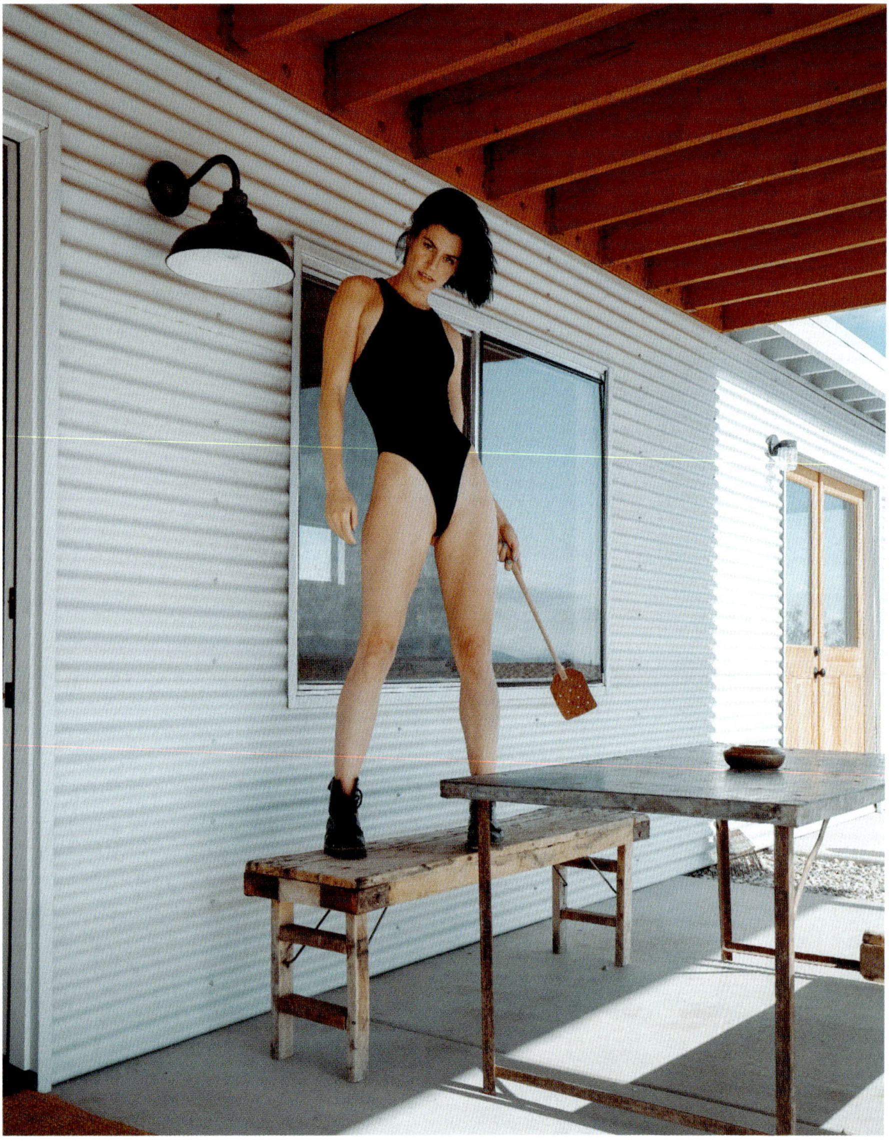

Hier nutze ich die Power-Pose und fotografiere mich leicht von unten, um meine attraktivste Seite zu zeigen – meine Beine. Dazu ein starker Gesichtsausdruck und es sieht so aus, als könnte dieses Bild mein Alter Ego entfesseln.

Urteilen Sie selbst: Welcher ist Ihr Winkel?

Stellen Sie sich vor, das Wissen, wer man im Inneren ist, ist der Headliner, dann ist das Wissen, wen man nach außen darstellt, der Supporting Act. Stellen Sie sich in voller Größe vor einen Spiegel, damit Sie anfangen können, den Körper genau zu betrachten, der Sie durchs Leben trägt. Zu diesem Zeitpunkt benötigen Sie lediglich eine Handykamera.

Die Selfie-Kamera der meisten Handys ist ein Weitwinkelobjektiv. Darum sollten Sie das Foto nicht zu nah an Ihrem Gesicht aufnehmen, da es Ihre Gesichtszüge verbreitert und verzerrt und keine wirklichkeitsgetreue Darstellung liefert. Darüber hinaus werden Sie sich bei der Durchführung einigen nachfolgenden Übungen sehr merkwürdig fühlen. Bedenken Sie, dass die Handykamera in Ihrem unaufgeräumten Zimmer mit Ihrem unordentlichen Haar im Moment nicht Ihr Bestes einfangen wird. Wir suchen aktuell nur nach Ihren besten Winkeln. Seien Sie nachsichtig mit sich selbst.

Tragen Sie während dieser Übung körpernahe Kleidung. Dies wird Ihnen helfen, Ihre Körperteile leichter voneinander zu unterscheiden, um z. B. genau zu bestimmen, wann Ihr Arm an der richtigen Stelle ist. Lassen Sie uns Schritt für Schritt das Gesicht und die Körperteile aufschlüsseln, um die besten Blickwinkel zu finden.

Das Gesicht

Stellen Sie sich für diesen Test bei Tageslicht an ein Fenster (natürliches Licht ist mit das beste, um sich selbst zu fotografieren). Fotografieren Sie Ihr Gesicht aus diesen Winkeln und überlegen Sie, welche Ihnen am besten gefallen.

- Gesicht direkt zur Kamera, in 45 Grad und im Profil.

- Beide Seiten Ihres Gesichts, und überlegen Sie, ob Ihnen die eine Seite besser gefällt als die andere. Viele Leute finden, sie haben eine »gute« und eine »schlechte« Seite; ich bevorzuge zum Beispiel meine rechte Seite. Viele professionelle Models werden nur von einer Seite fotografiert – sogar Top-Models. Bei einer schnellen Online-Suche nach Bildern Ihrer Lieblingsmodels werden Sie sehen, dass viele vor allem von einer Seite aus aufgenommen werden.

- Gesicht leicht nach oben geneigt, neutral frontale Position, leichte Neigung nach unten.

- Gesicht frontal, Kopf leicht nach links geneigt (Ohr zur Schulter), Position geradeaus und leicht nach rechts geneigt.

- Augen direkt in die Kamera, dann mehrere Aufnahmen mit den Augen leicht nach oben, nach unten, nach links und nach rechts sowie in die »Ecken« des Bildes.

- Sieht Ihr Gesicht besser aus, wenn Sie lachen, mit einem breiten Grinsen, neutral, mit einem leichten Lächeln, lächelnd mit geöffnetem Mund, mit verführerischem Blick, fragend, eher niedlich oder mit einem starken oder gar grimmigen Blick?

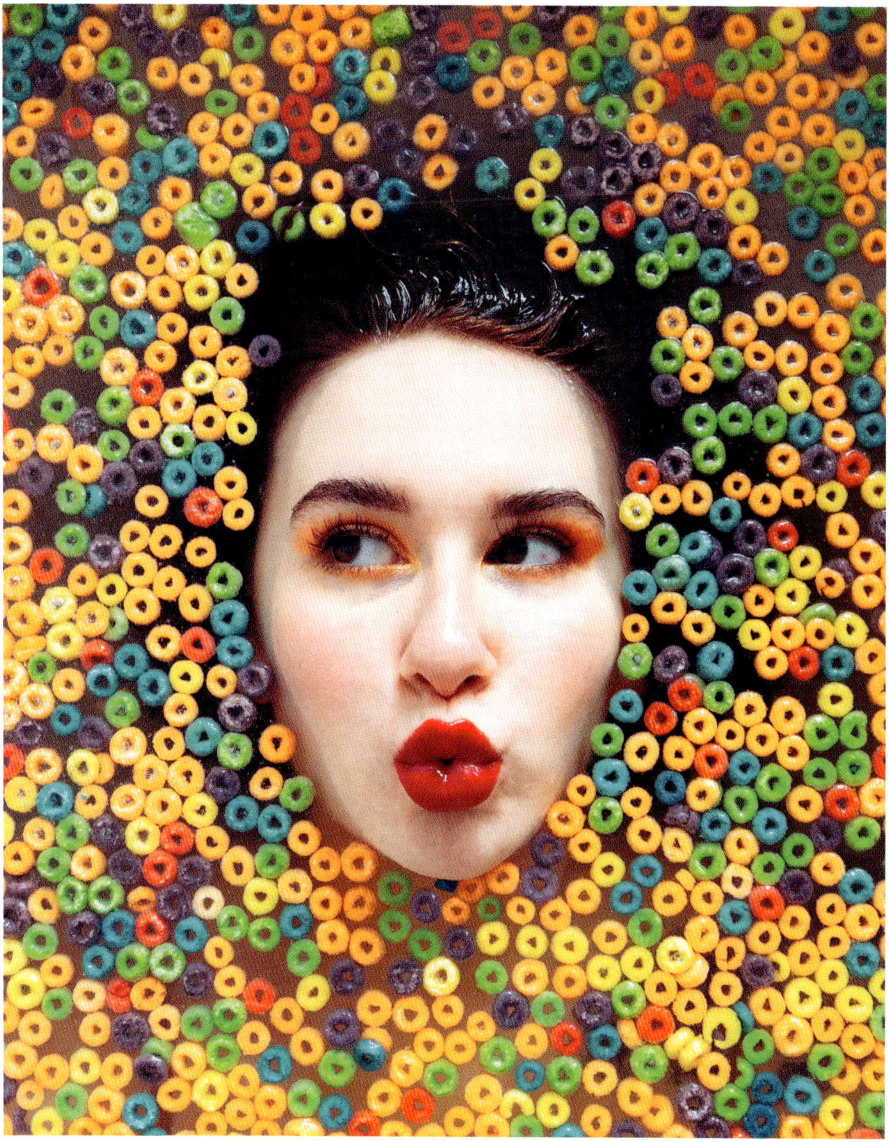

Bronte
Finden Sie entweder den Bereich ihres Gesichts oder den Winkel, der für Sie am besten funktioniert. Natürlich bedeuten ebenmäßige Gesichtszüge und ein ovales Gesicht nicht, dass Sie nicht auch ein verrücktes Selfie machen können, wie Bronte hier zeigt. Doch trotz der verrückten Pose betont sie ihre Lippen durch die intensive Farbe –es ist also klar, was für sie am wichtigsten ist.
@frombeewithlove

Wenn Sie alle diese Bereiche einzeln bewertet haben, sollten Sie Ihre Favoriten zusammenstellen. Kombinieren Sie Ihren Lieblingsmund mit Ihren liebsten Winkeln und Ihrem Lieblingsausdruck Ihrer Augen. Mit etwas Übung werden Sie schließlich schnell und einfach in Ihre schmeichelhafteste Gesichtsposition gelangen, die Ihr Selbstvertrauen und Ihr Selbstbild auf Fotos verändern wird.

Und nicht nur das: Ein gut erprobter Gesichtsausdruck verhindert, dass Sie im Scheinwerferlicht völlig gehetzt wirken, wenn jemand ein Foto von Ihnen macht.

Der Körper

Welcher Bereich Ihres Körpers gefällt Ihnen am besten?
Bitte ehrlich. Jeder hat zumindest einen winzigen Teil von sich selbst, den er liebt. Dies ist nicht die Zeit, sich selbst die Möglichkeit zu verweigern, sich selbst zu mögen; seien Sie lieber stolz auf das, was Ihnen an sich gefällt. Falls Sie eine Idee brauchen – was gefällt Ihnen an sich selbst?

- Hände
- Brüste
- Arme
- Beine
- Hals
- Waden
- Po

Wenn Sie die Körperteile kennen, die Ihnen gefallen, können Sie sich besser darauf konzentrieren, sie in Ihren Fotos durch Posen, ihre Kleidung, die Umgebung und andere Aspekte besser hervorzuheben.

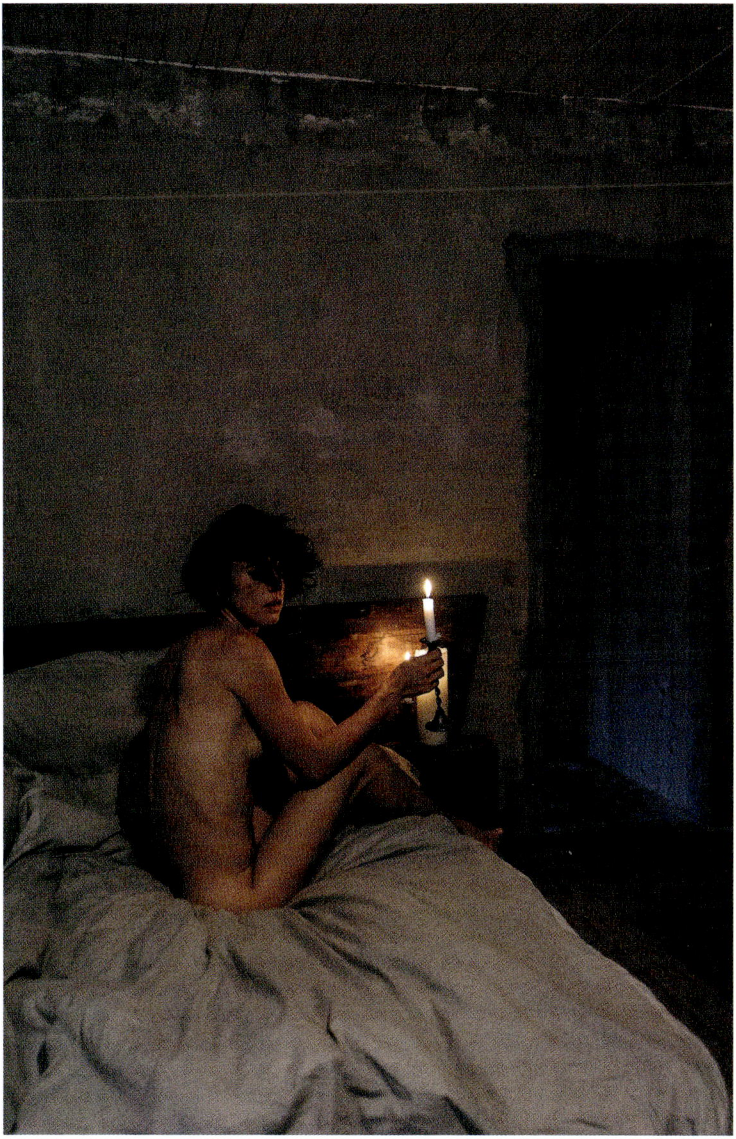

Ich war mir immer unsicher, was meinen Körper angeht – man nahm mich mit meinen Muskeln, meinen breiten Schulter und meiner knochigen Brust nicht als Frau wahr. Nicht begehrenswert zu sein, wenn Frauen so sehr über ihr Aussehen definiert werden, hat etwas mit mir gemacht. Als ich lernte, eine gute Pose einzunehmen, fühlte ich mich endlich als schöne Frau – wert, geliebt zu werden.

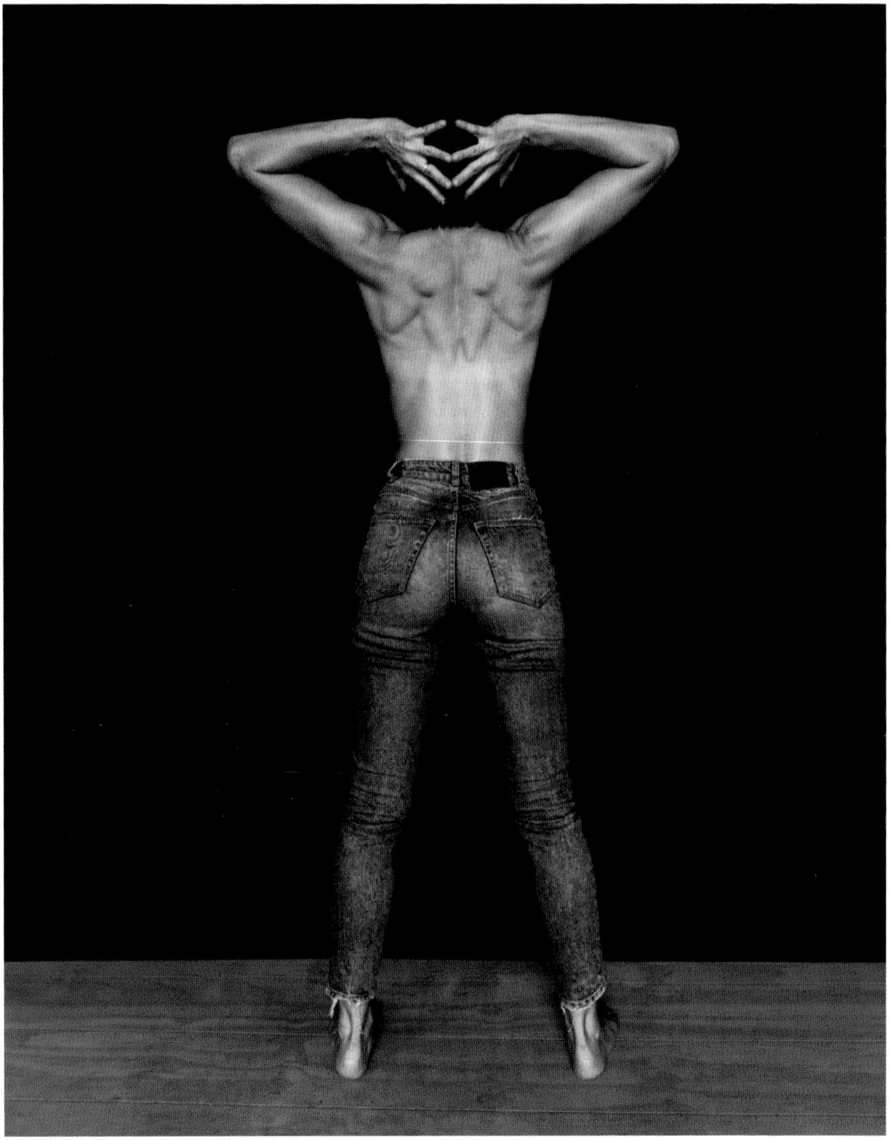

Viele machten sich über meinen Rücken lustig. Ich war acht Jahre lang Profischwimmerin, also habe ich breite Schultern, die ich immer zu verstecken versuchte – natürlich ohne Erfolg. Dieses Bild war ein glücklicher Zufall, als ich dachte: »Egal, ich bin so.« Ich flexte und gab alles. Mein Publikum riet mir, es in Schwarzweiß zu ändern, um die Details noch stärker zu betonen. Inzwischen gehört das Bild zu meinen absoluten Favoriten.

Welchen Bereich Ihres Körpers mögen Sie am wenigsten?

Die meisten Menschen spielen am liebsten die Dinge herunter, die wir nicht an uns leiden können. Wir sind *Experten* darin. Leider stehen wir alle unter dem Einfluss von Massenmedien, deren primäres Ziel es ist, uns einzureden, wir seien unvollkommen, sodass wir Schönheitscremes, Bauchmuskeltrainer, Fitnessstudio-Mitgliedschaften und vieles mehr kaufen.

Dennoch ist es wichtig, zu wissen, welche Körperteile man wirklich nicht leiden kann. So können Sie sich ihrer bewusst werden und sicherstellen, dass Sie bei Advanced Selfies Posen wählen, die Ihnen – meistens – ein schönes Bild einbringen.

Kennen Sie die Schwächen, die Sie verbergen wollen, und seien Sie sich der Eigenschaften bewusst, die Sie verstärken wollen. Diese Kombination setzt jedes Supermodel ein – sie wird Ihnen bei Ihrer Kunst behilflich sein.

Tipps für Körperposen

Nutzen Sie diese Hinweise, um möglichst jeden Bereich Ihres Körpers gut in Szene zu setzen.

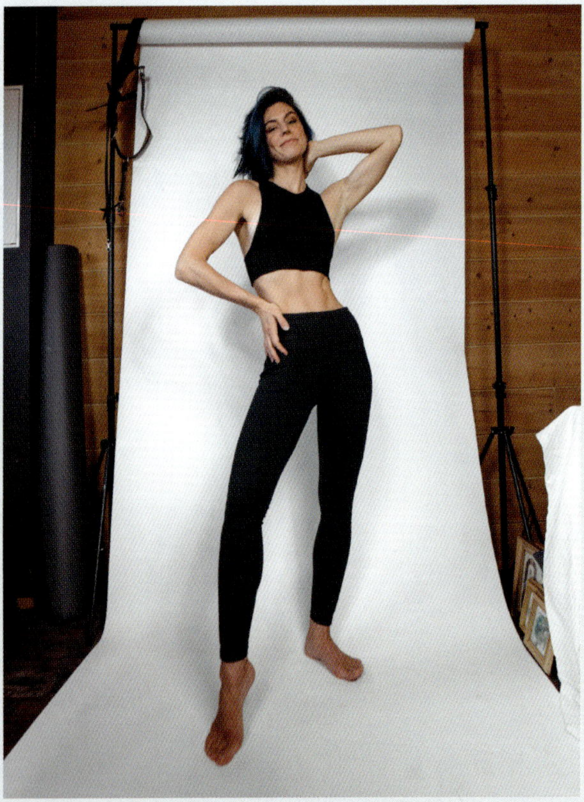

Arme

Geben Sie jedem Arm Raum. Indem Sie den Arm leicht vom Körper abheben, verschmilzt er nicht damit und wirkt so größer, als er eigentlich ist. Interessante Winkel der Arme sorgen außerdem für Abwechslung in Ihren Bildern. Vermeiden Sie, den Arm am Ellbogen so stark abzuwinkeln, dass der Unterarm über dem Oberarm liegt, sonst wirkt der Arm wie ein Stumpf.

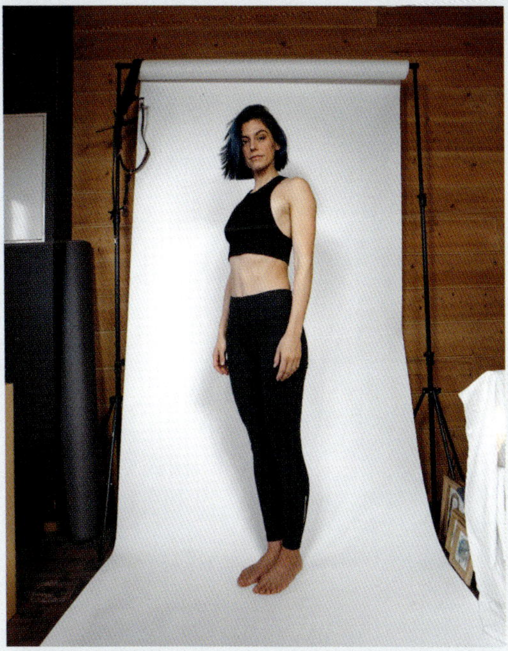

Schultern
Ziehen Sie die Schultern nach hinten, das gibt Ihnen eine bessere Haltung. Nur nicht zu stark – Sie sind schließlich nicht beim Militär. Eine sichere Pose ist gut, eine stramme nicht.

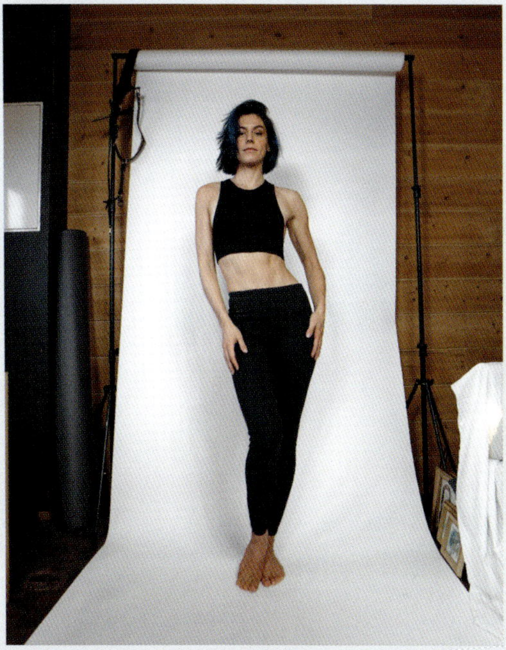

Hüften
Mit diesem Körperteil lässt sich ausgezeichnet spielen, vor allem, um Ihre Weiblichkeit zu betonen. Kurven werden mit feinen, schönen und sinnlichen Fotos assoziiert. Eine Hüfte seitlich anzustellen und Ihr Hauptgewicht darauf zu verlagern, akzentuiert die S-Kurve des Körpers, was auf Fotos sehr schön wirkt.

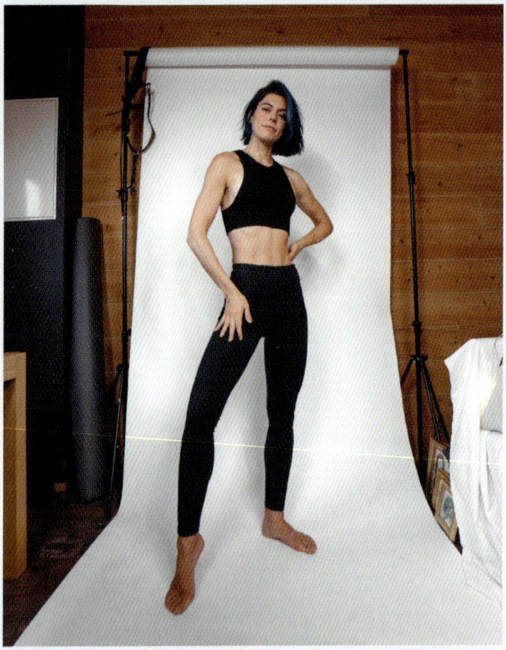

Bauch
Ziehen Sie den Bauch ganz leicht ein, um etwas Spannung zu erzeugen.

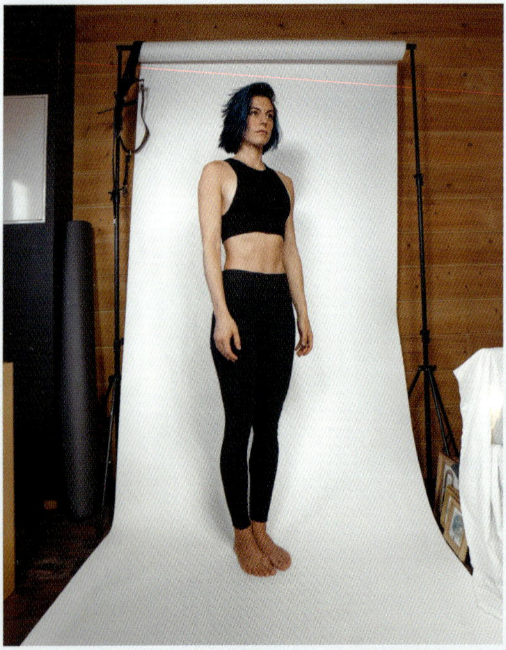

Körperdrehung
Generell ist ein Winkel von 45 Grad zur Kamera am besten geeignet.

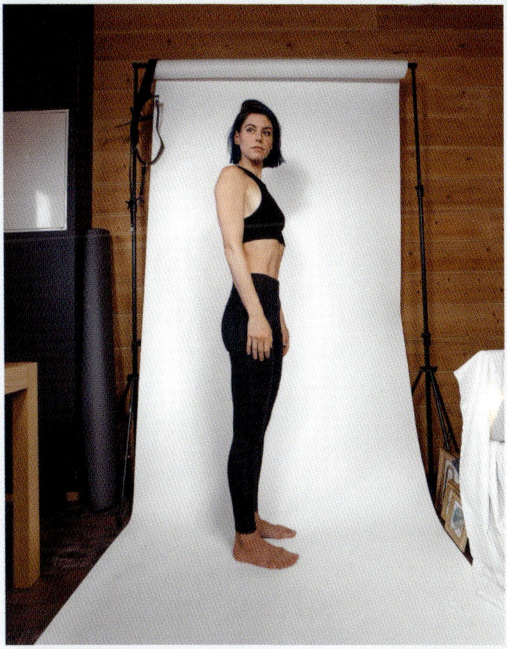

Brüste (wenn zutreffend)
Nur zu – zeigen Sie ruhig, was Sie haben, egal, welche Größe. Alles ist perfekt. Ziehen Sie den Brustkorb nicht ein.

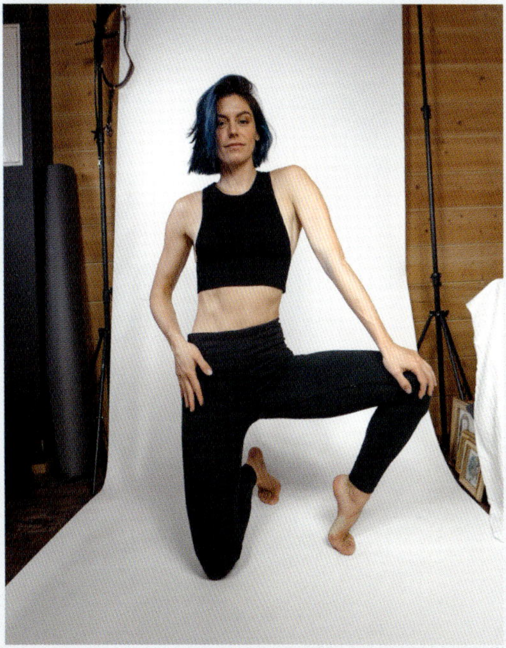

Knie
In einer knienden Pose sollte das gesamte Bein zu sehen sein, ansonsten wirkt es unvollständig.

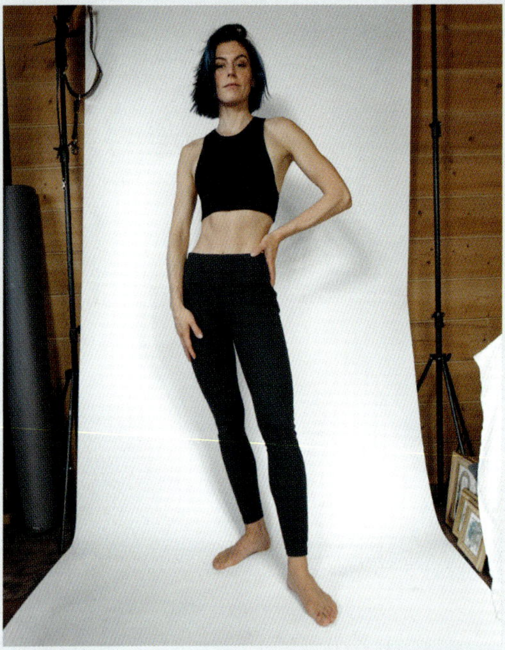

Füße

Die Füße etwas zu spitzen wirkt feiner und femininer. Die natürliche Fußform betont eher das Maskuline. Wenn Sie einen oder beide Füße anstellen, gibt das dem Bild einen besonderen, künstlerischen Touch.

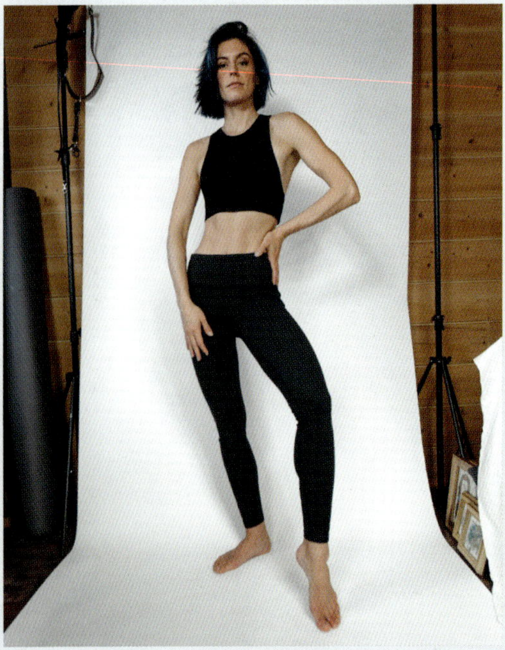

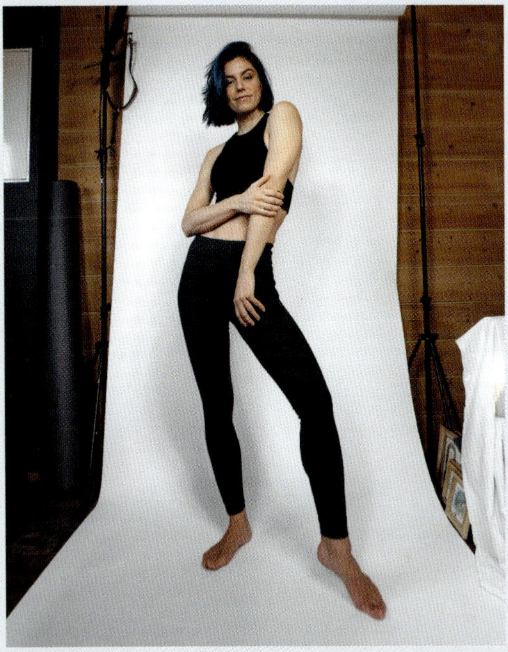

Beine

Zum Posieren der Beine gibt es zwei verschiedene Ansätze. Zum einen können Sie sie länger wirken lassen, indem Sie eines näher an die Kamera stellen. Das erzeugt die Illusion von Länge. Zusammen mit der bereits erwähnten Neigung der Hüfte bietet sich diese Pose als »Allrounder« an. Auch das Stehen auf den Zehenspitzen oder wenigstens das Abheben der Ferse vom Boden betont die Länge der Beine. Der andere Ansatz ist, interessante Winkel zu erzeugen, die sowohl in stehenden als auch in sitzenden Posen leicht zu bewerkstelligen sind. Spreizen Sie die Beine leicht und winkeln Sie eines an, um für Abwechslung zu sorgen.

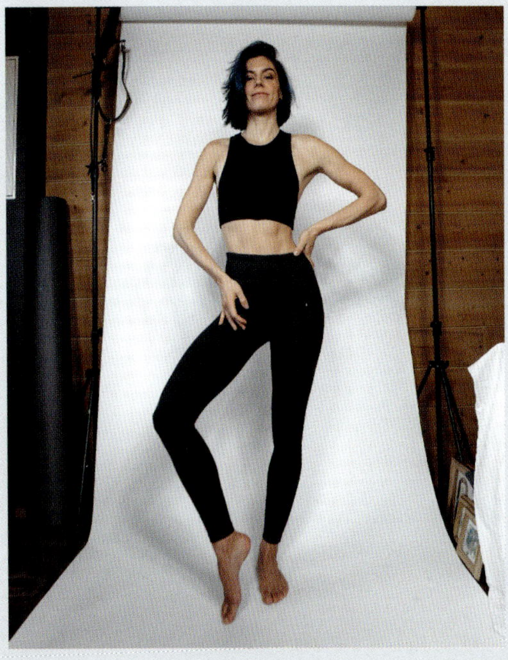

Ein Hinweis zu den Händen: *Was Sie tun sollten*

Nervosität oder fehlende Kompetenz werden in einem Bild am ehesten über die Hände verraten. Meist wissen die Menschen nicht, was sie damit anfangen sollen. Hier einige Tipps dazu:

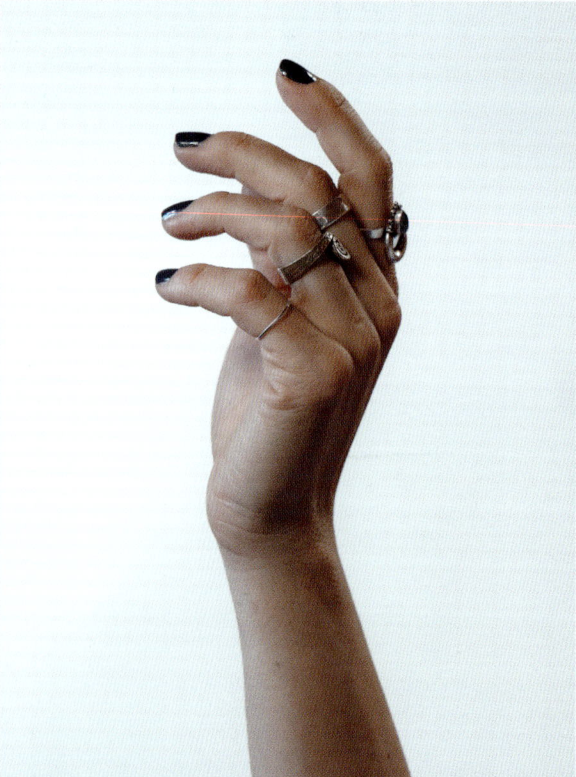

Rollen Sie die Finger in einer natürlichen Haltung ein
Beobachten Sie Ihre Hände, wenn Sie entspannen. Wenn Sie die Hände dann heben, werden Sie feststellen, dass mindestens der Zeigefinger leicht eingerollt ist. Die Biegung wird enger, je weiter Sie zum kleinen Finger schauen. Der Kleine ist dann fast geschlossen. Wenn Sie das in Ihren Fotos nachahmen, wirken Ihre Hände entspannt und natürlich. Für eine noch graziösere Pose strecken Sie den Zeigefinger etwas mehr, die anderen Finger ziehen automatisch nach und erzeugen eine noch interessantere Handform.

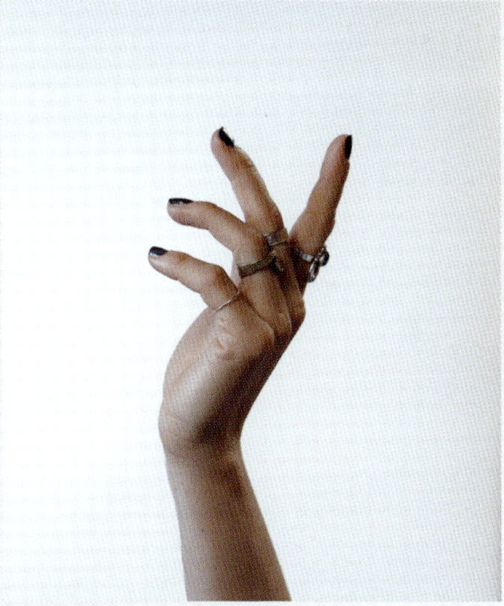

Werfen Sie Ihre Finger leicht nach hinten
Indem Sie Ihre Hand nach hinten auffächern, wirkt sie eleganter.

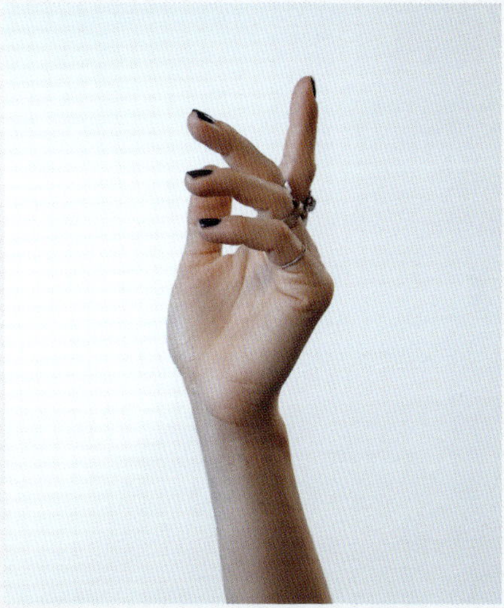

Verdrehung im Gelenk
Wenn Ihre Hände noch immer nicht gut aussehen, versuchen Sie mal, sie im Handgelenk leicht zu verdrehen, bis sie Ihnen gefallen. Je nach Pose wirkt eine Verdrehung nach innen oder außen besser.

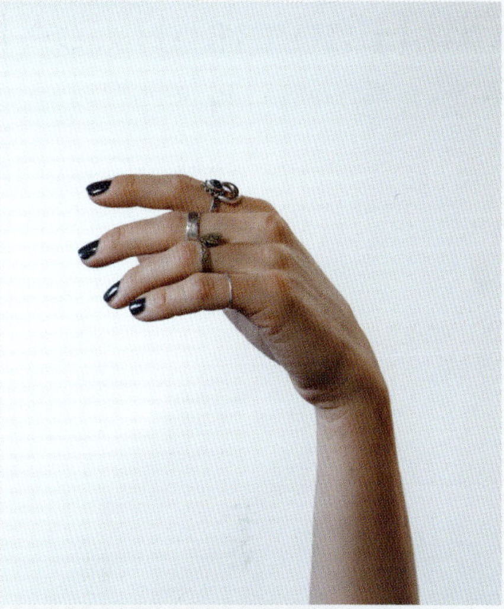

Lassen Sie die Finger nach innen fallen
Das sorgt häufig für einen etwas gruseligen Effekt, der bei düsteren Stimmungen funktionieren kann.

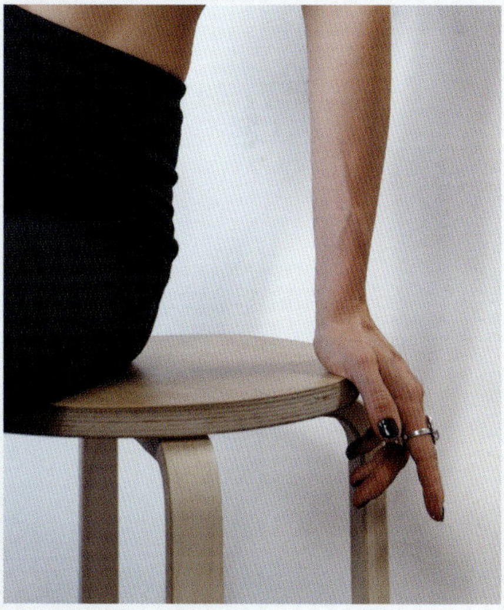

Gewicht auf die Hände legen
Wenn Sie sich auf eine Hand aufstützen, dann täuschen Sie vor, Ihr Gewicht auf die Hand zu legen, und öffnen Sie die Finger etwas, um entspannter zu wirken.

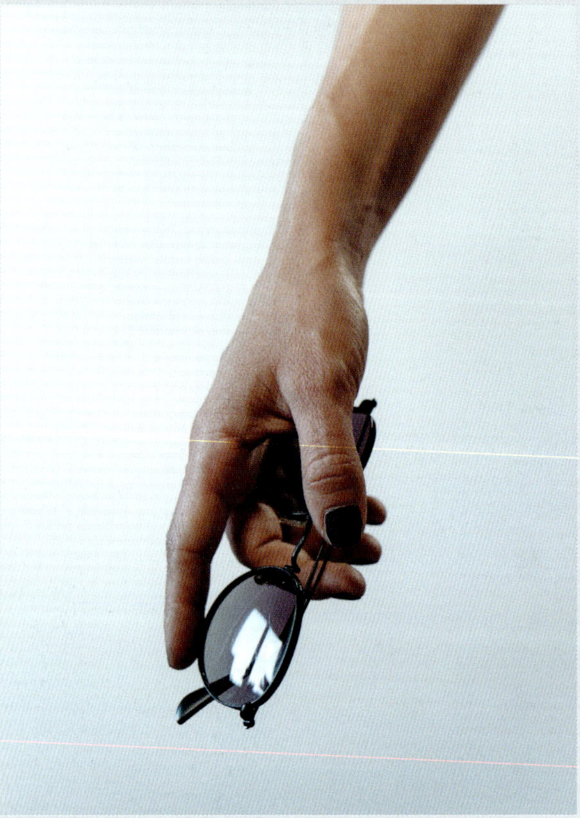

Etwas greifen
Wenn das alles zu umständlich klingt, versuchen Sie, etwas in den Händen zu halten, wie eine Blume, eine Sonnenbrille oder ein Glas Wein. Und halten Sie es nicht wie ein kleines Kind (also in der Faust), sondern möglichst lose, aber ohne dass es Ihnen aus der Hand fällt. Damit sollten Ihre Hände einen schmeichelhaften Winkel einnehmen.

Viele dieser Taktiken des Posierens sind nicht besonders bequem. Professionelle Models lassen das Posing mühelos erscheinen, aber das liegt nur daran, dass sie ihr Handwerk beherrschen. Sie haben wahrscheinlich schon bemerkt, dass Posing nicht so einfach ist, wie Sie dachten. Aber wie beim Fahrradfahren ist der Anfang immer am schwierigsten. Irgendwann tun Sie das ganz intuitiv.

Ein Hinweis zu den Händen: Was Sie *nicht* tun sollten

Sie werden feststellen, dass Ihre Hände ganz natürlich immer eine Position einnehmen wollen, die auf Fotos nicht gut rüberkommt. Folgendes sollten Sie besser vermeiden.

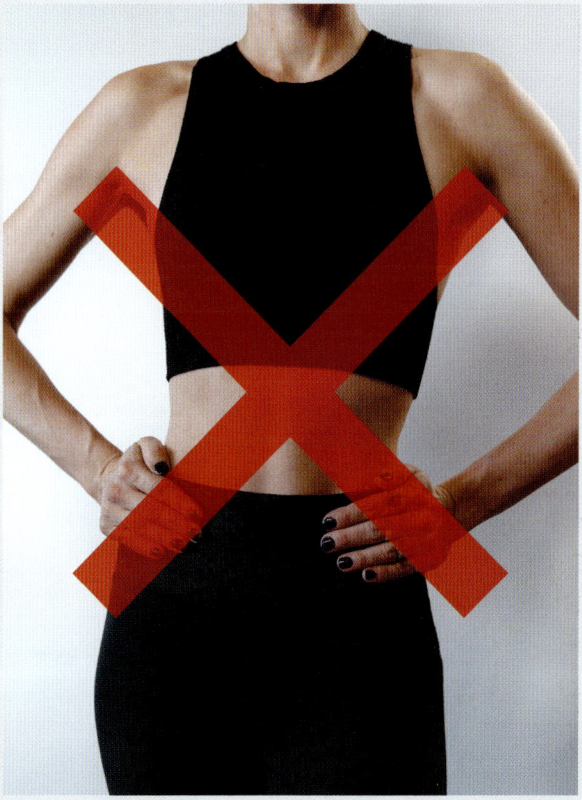

Bitte nicht anspannen
Sie werden überrascht sein, wie schwierig es ist, so kleine Körperteile wie die Hände gut aussehen zu lassen – häufig wirken sie angespannt. Wenn man es genau betrachtet, gibt es bei Händen viele Kleinigkeiten zu beachten. Vermeiden Sie starr wirkende Roboterhände.

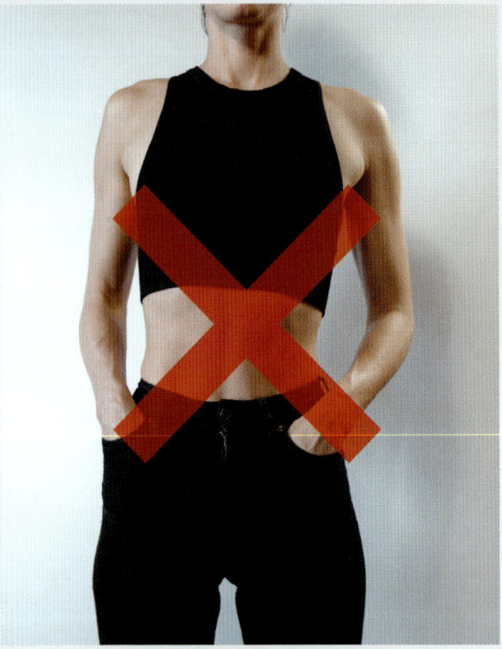

Stecken Sie nicht beide Hände ganz in die Taschen
Damit wirken Sie, als hätten Sie keine Hände. Wenn Sie die Hände in den Taschen ruhen lassen wollen, stecken Sie sie halb ein und lassen Sie die Daumen draußen.

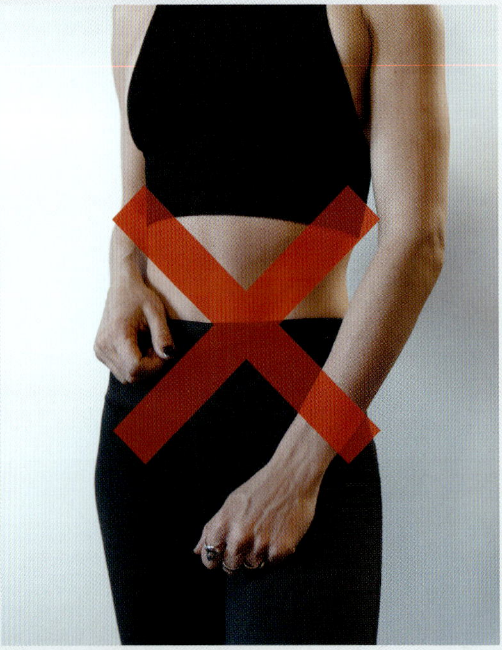

Nicht zu einer Faust ballen
Wenn Sie Ihre Fäuste nicht absichtlich ballen, um dem Foto mehr Stärke zu geben, sollten Sie das besser vermeiden.

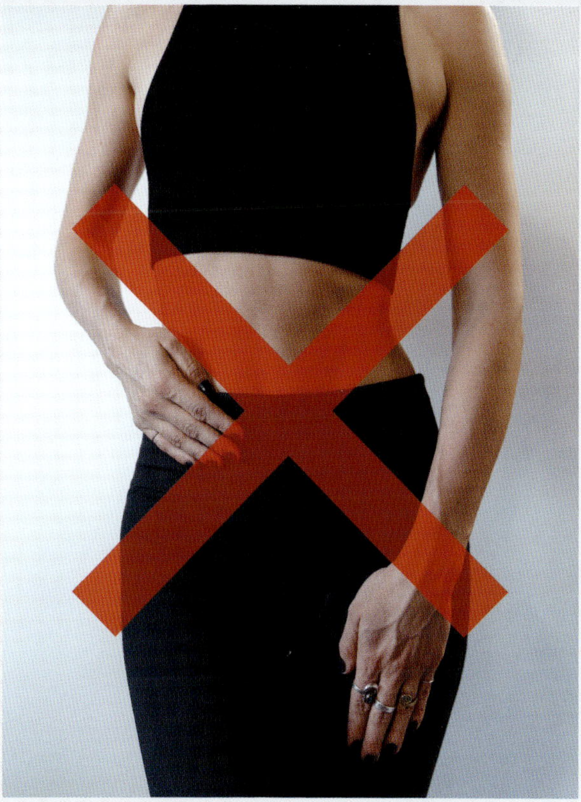

Finger nicht zusammenpressen
Halten Sie Ihre Finger locker und leicht voneinander getrennt.

Tipps für Gesichtsposen

Ihr Gesicht ist ein Spielfeld des Ausdrucks und die Möglichkeiten sind endlos. Hier einige Ideen, was auf Fotos gut wirkt und was man besser vermeiden sollte.

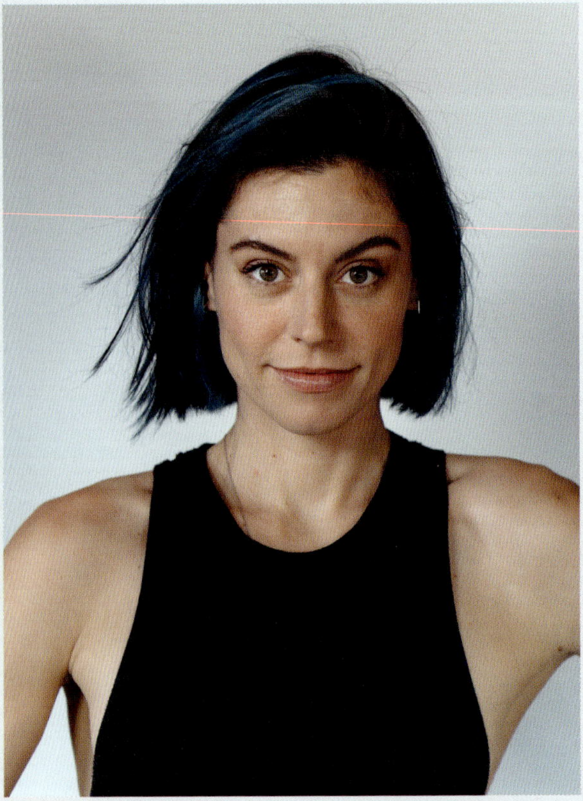

Kinn nach vorn unten (etwas)
Dieser Trick wirkt bei frontalen Fotos Wunder, und viele Prominente nutzen ihn. Es mag nur eine winzige Änderung sein, aber er gibt Ihnen Selbstvertrauen und lässt Sie stark aussehen. Probieren Sie ihn einmal aus und ernten Sie Applaus! Aber Vorsicht: Tun Sie es nicht, wenn Sie sich selbst von der Seite fotografieren. Dann sehen Sie aus wie eine Schildkröte.

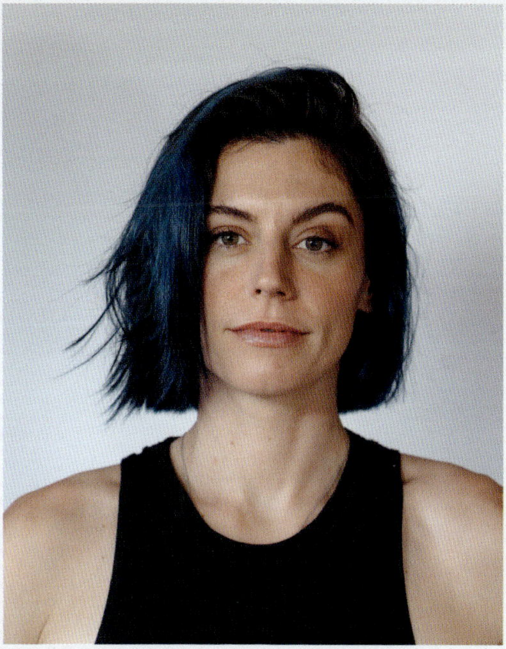

Mit den Augen lächeln
Versuchen Sie die bekannte Technik des »Lächelns mit den Augen«, wie sie das Supermodel Tyra Banks beschrieben hat. Sie hebt die Augenwinkel ganz leicht an und verleiht ihnen ein Funkeln, das alle in Ohnmacht fallen lässt.

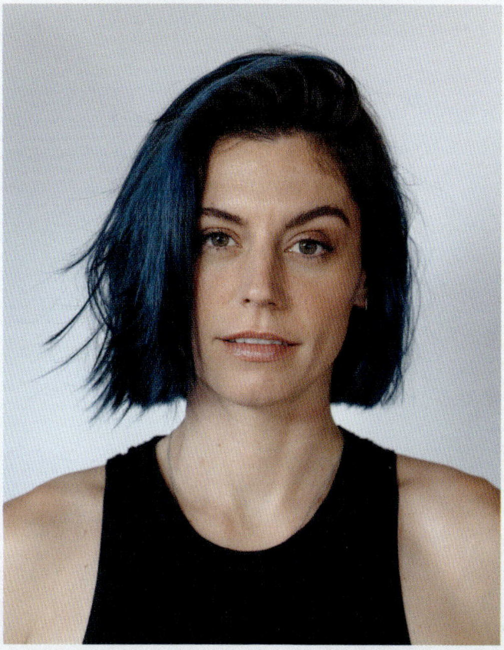

Lippen entspannt leicht öffnen
Dieser Tipp hat mich immer wieder gerettet. Ich knirsche viel mit den Zähnen und kneife die Kiefer zusammen, was sich nicht gut in Bilder umsetzen lässt. Eine einfache Methode, dem entgegenzuwirken, besteht darin, die Lippen zu entspannen, so dass sie sich ein kleines bisschen öffnen. Einige von Ihnen werden dadurch unglaublich aussehen, andere werden vielleicht feststellen, dass Sie dadurch etwas dämlich aussehen (Urteilen Sie selbst!). Wenn Sie an der Grenze zur Benommenheit sind, fügen Sie Ihrem Gesicht ein kleines Lächeln hinzu, um die Mundwinkel anzuheben.

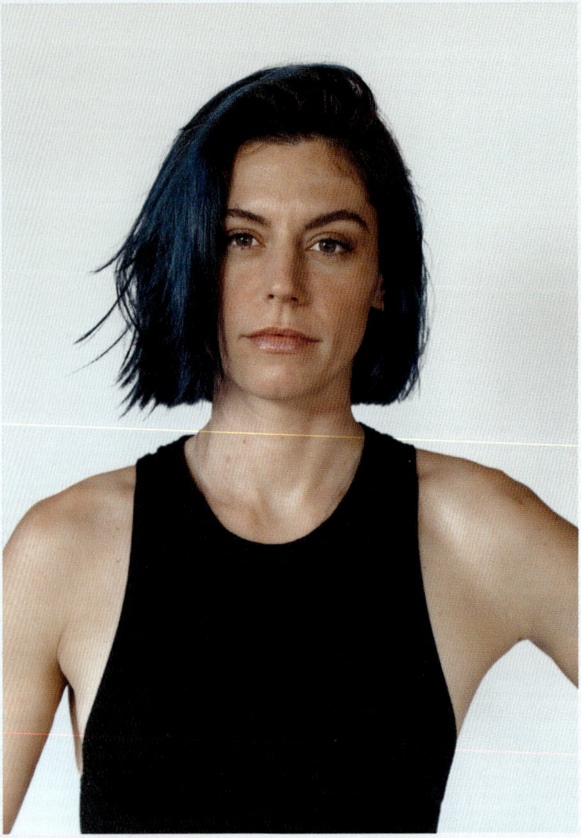

Stechende Augen

Ein trauriger Moment, wenn ein Foto makellos ist, aber der Augenausdruck unzusammenhängend und gefühllos wirkt. Der Blick muss fesseln. Versuchen Sie, durch die Kamera zu schauen, wirklich durch sie hindurchzustoßen, als ob Sie jemanden hinter der Linse betrachten würden.

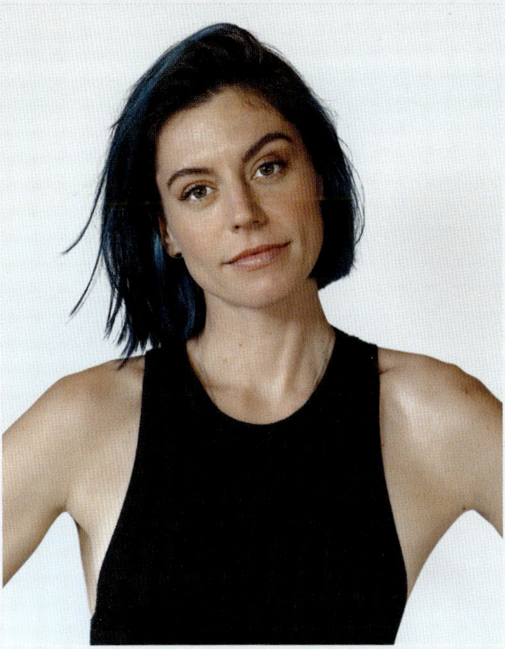

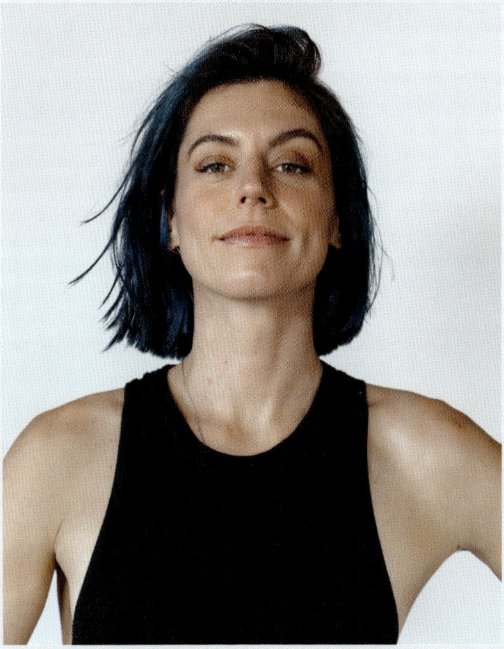

Kopf neigen
Wenn wir ins Gespräch kommen, zeigen einfache körpersprachliche Hinweise, dass wir zuhören und bei der Sache sind. Eines davon ist die subtile Neigung des Kopfes. Beobachten Sie Ihre Freunde, wenn Sie das nächste Mal eine interessante Unterhaltung führen. Es ist wahrscheinlich, dass sie ihren Kopf leicht nach vorne oder zur Seite neigen (Ohr an die Schulter). Dies kann sich wunderbar auf ein Foto übertragen und dem Betrachter ein beruhigendes Gefühl vermitteln.

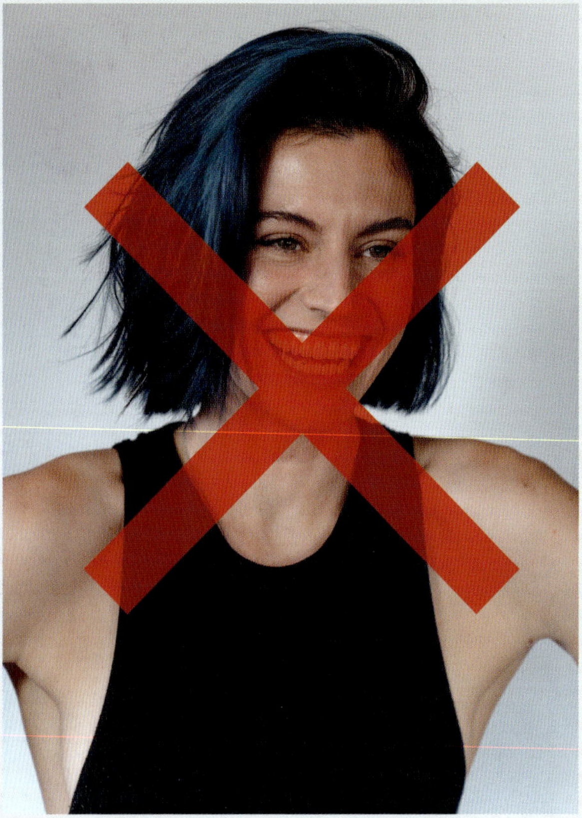

Falsches Lachen

Das vorgetäuschte (oder simulierte) Lachen ist heutzutage in Bildern in sozialen Medien weit verbreitet. Ich persönlich bin kein Fan davon, einfach weil es so überstrapaziert ist. Es gibt jedoch Zeiten, in denen ich wirklich ekstatisch bin und/oder der Hintergrund nach einem netten breiten Lächeln verlangt. Es ist wichtig, daran zu denken, dass das perfekte Selbstporträt keine zehn Sekunden braucht, um aufgenommen zu werden. Manchmal kann es eine halbe Stunde oder länger dauern. Sie werden lernen müssen, auf Kommando ein Lachen herbeizuzaubern, und zwar für lange Zeit. Wenn ich mich zwinge, (laut!) zu lachen, fühle ich mich lächerlich, aber meistens fange ich dann wirklich an zu lachen, weil ich mich so lächerlich fühle. Et voilà! Ein Lachfoto ist im Kasten.

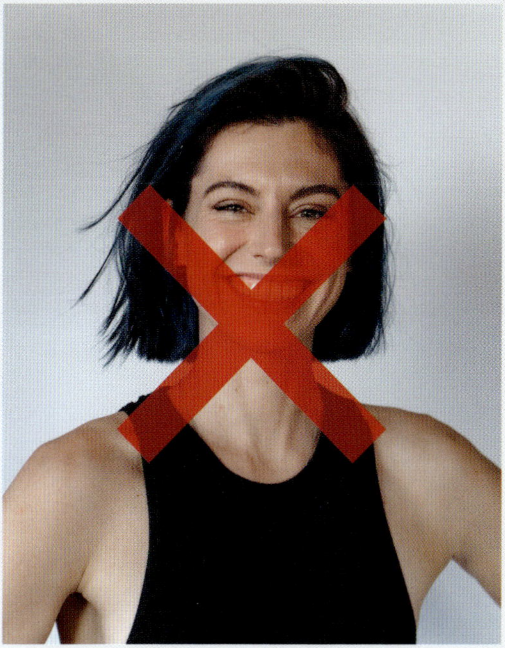

Ein falsches Lächeln ist nicht gut
Es besteht ein großer Unterschied zwischen simuliertem Lachen und dem Aufsetzen eines falschen Lächelns, und letzteres überzeugt wirklich nicht. Bevor Sie irgendein Foto machen, versuchen Sie, das Gefühl darzustellen, das Sie abbilden wollen. Ein Lächeln muss authentisch sein. Wenn Sie fünf Minuten brauchen, um sich an einen geliebten Menschen zu erinnern, um ein Lächeln zu erzeugen, dann tun Sie das. Aber lächeln Sie nicht zu viel. Oft tun wir das instinktiv, wenn uns eine Kamera ins Gesicht gehalten wird. Wenn Sie dazu neigen, übermäßig zu lächeln, sollten Sie sich dessen bewusst sein und Ihr Lächeln um 20-30 Prozent entspannen, damit Sie natürlicher aussehen.

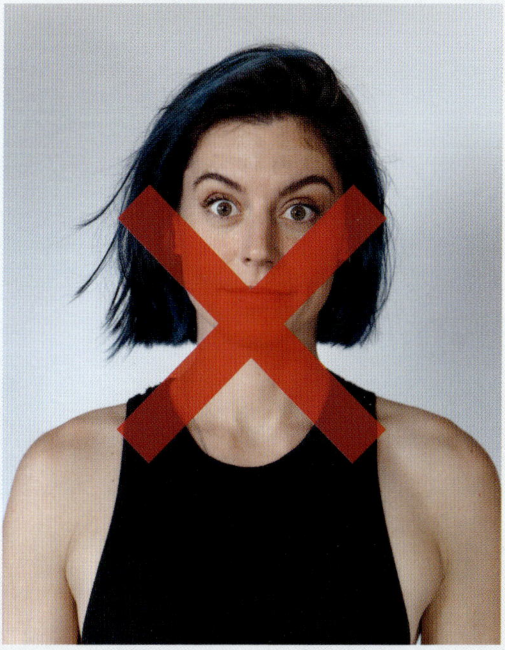

Reh im Scheinwerfer
Ein weiteres Anzeichen von Panik auf Fotos ist es, die Augen extra weit zu öffnen. Das führt dazu, dass Sie erschreckt aussehen. Wenn Sie dazu neigen, entspannen Sie sich leicht, während das Foto aufgenommen wird. Wenn Sie sich nicht sicher sind, ob Sie das falsche Lächeln, den angespannten Kiefer oder das Reh im Scheinwerferlicht zu verantworten haben, fragen Sie einfach einen ehrlichen Freund oder ein Familienmitglied. Hoffentlich wird man Ihnen die Wahrheit sagen.

Hilfreiche Posen

Nutzen Sie diese Anleitungen, die Ihnen die beste Chance auf ein gutes Foto von jedem Bereich Ihres Körpers bieten.

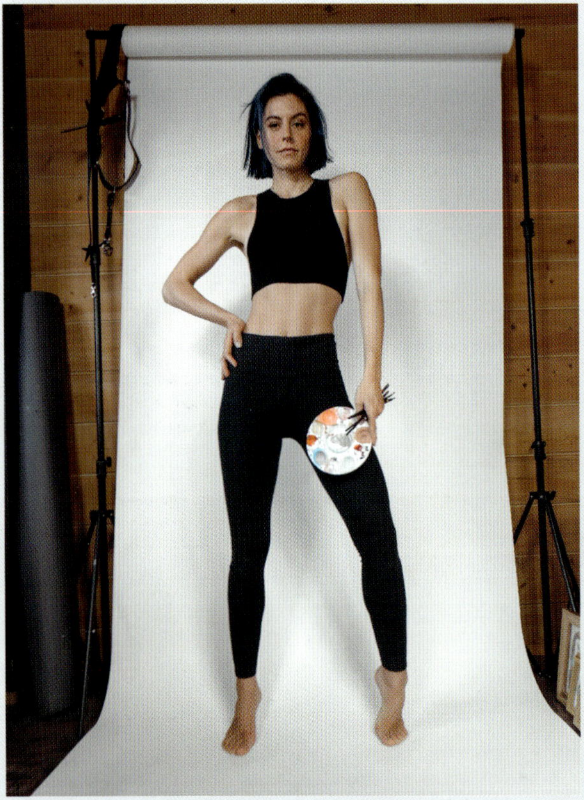

Power-Pose
Eine hilfreiche Pose besteht darin, mit hüftbreit auseinander stehenden Füßen gerade vor der Kamera zu stehen. Versuchen Sie zu vermeiden, beide Hände auf die Hüften zu legen; das kann etwas kitschig wirken oder Sie wie Superman aussehen lassen. Wenn Sie etwas in der einen Hand halten (z. B. eine Palette) und die andere Hand entspannt ist, zeigen Sie, dass Sie es ernst meinen.

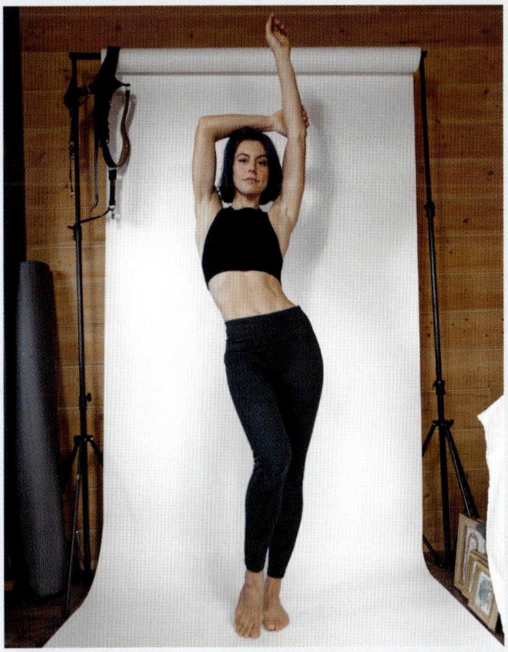

Kurven

Diese soll Ihre Kurven betonen. Stellen Sie sich gerade auf die Kamera, setzen Sie Ihr ganzes Gewicht auf ein Bein, lassen Sie eine Hüfte zur Seite ausfahren und schieben Sie sie weiter hinein. Versuchen Sie, Ihre Schultern und Ihren Kopf so nah wie möglich an Ihrem vertikalen Mittelpunkt zu halten, um interessantere Linien zu erzeugen. Heben Sie Ihre Arme an und schaffen Sie ungewöhnliche Formen – möglicherweise einen Arm in die Luft und einen leicht gebeugten –, um weitere Kurven hinzuzufügen.

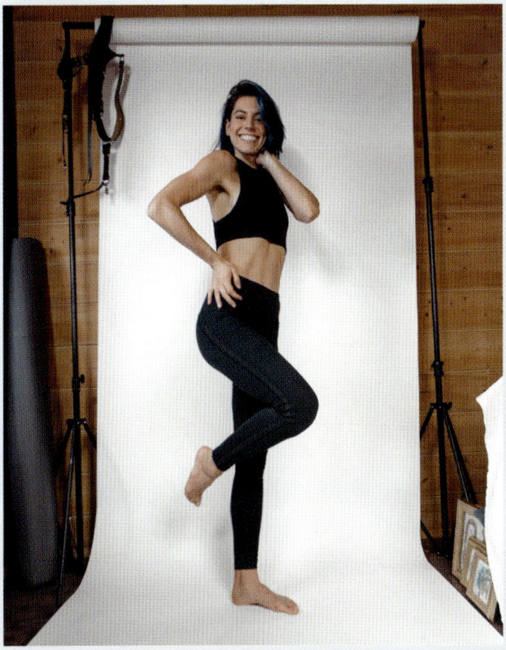

45 Grad zur Kamera, ein Bein nach vorn

Das ist eine Pose, die den meisten Menschen gut steht. Stellen Sie sich mit den Füßen zusammen vor die Kamera. Drehen Sie dann einfach Ihre Füße um 45 Grad von der Kamera weg und strecken Sie Ihr vorderes Bein zur Kamera hin aus. Dies wird Ihrem Körper schmeichelhafte Dimensionen verleihen und die Beinverlängerung lässt Ihre Beine länger aussehen. Um noch mehr Länge zu erhalten, heben Sie die vordere Ferse vom Boden ab. Alternativ heben Sie das vordere Bein vom Boden ab und beugen es am Knie mit einer spitzen Zehe zurück. Das ist eine einfache und niedliche Pose. Herren, oder solche, die sich nicht zu weiblichen Posen hingezogen fühlen, sollten vor dieser Pose nicht zurückschrecken. Eine 45-Grad-Stellung mit den Handspitzen in den Taschen (lassen Sie die Daumen heraus) oder mit verschränkten Armen ist eine starke Pose.

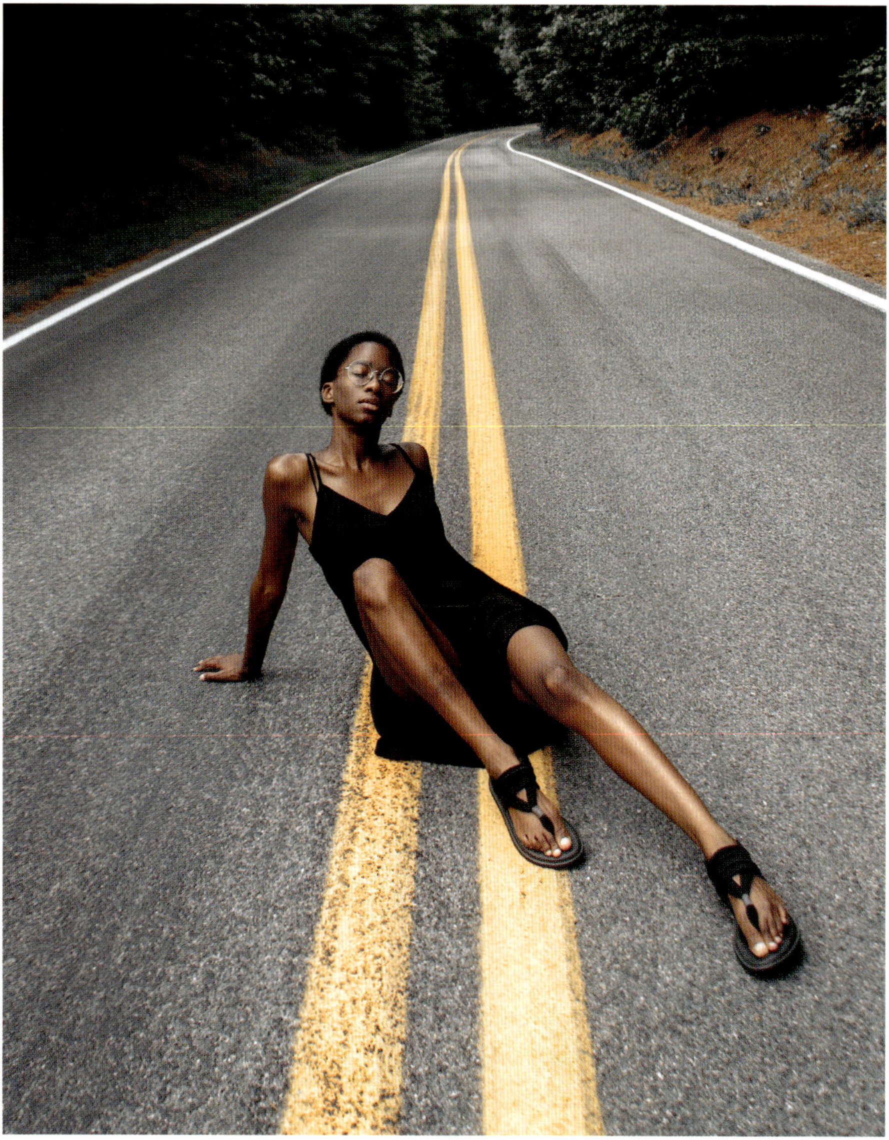

Tana O'Hara
Diese scheinbar entspannte Pose wurde sehr sorgfältig überlegt. O'Hara betont die Linien ihrer Beine und ihres Oberkörpers, und ihre Figur scheint von den gelben Linien der Straße aufgegriffen und in die Ferne getragen zu werden. Die Neigung des Kopfes, das hochgezogene Kinn und die nach unten gerichteten Augen verleihen der Pose einen frechen Touch. Alles deutet auf jemanden auf einer persönlichen Reise hin.
@tanaohara

Was Ihre Posen über Sie aussagen

Sobald Sie Ihre liebsten Körperpartien kennen, können Sie sie in eine Pose bringen. Denken Sie daran, dass die Pose die Hälfte der Geschichte des Bildes erzählt. Sie mag liebenswert sein, aber wenn sie nicht mit dem Bild übereinstimmt, halten Sie sich zum Wohle Ihres öffentlichen Images davon fern. Die häufigste Gesichtspose, die ich zum Beispiel auf Instagram sehe, ist der Blick nach unten und das Lächeln. Das mag niedlich sein, aber es bedeutet nicht Stärke; es ist scheu und schüchtern.

Welche Farbe ist Ihre?

Unterschiedliche Farben wirken bei verschiedenen Hauttypen besser als andere. Mit einigen Kleidungsstücken sehen Sie vielleicht wie ein Zombie aus; andere verleihen Ihrer Haut einen seltsamen orangefarbenen Schimmer; wieder andere lassen Ihre Augenfarbe prominent wirken. Es ist wichtig, etwas Zeit darauf zu verwenden, herauszufinden, welche Farben bei Ihnen am besten wirken. Sobald Sie sie kennen, nehmen Sie sie in Ihre Garderobe, den Hintergrund Ihrer Fotos und die Bearbeitung Ihrer Bilder auf.

Ich würde Ihnen raten, etwas Zeit damit zu verbringen, dieses Thema online zu recherchieren, um wirklich zu erfahren, welche Farben Ihre Haut auffallen lassen und welche Ihnen keinen Gefallen tun werden.

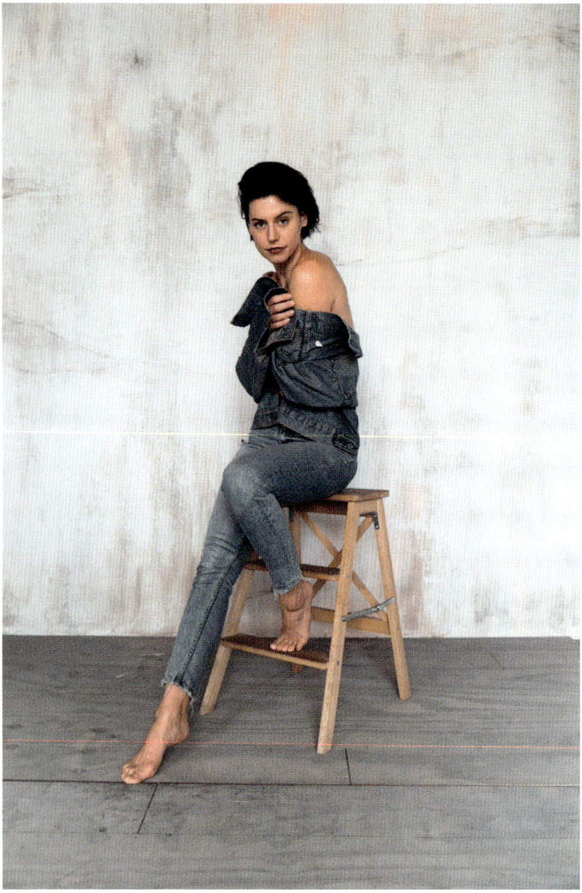

Meine helle Haut mit den kühlen Tönen des Denims und den schiefergrauen Hintergrund ist perfekt, um meine Gesichtszüge hervorzuheben und in Harmonie ein zartes Bild zu schaffen.

Helle/Blasse Haut

Im Allgemeinen diejenigen, die in der Sonne krebsrot statt braun werden oder viele Sommersprosse bekommen, außerdem Blonde, Rothaarige oder Personen mit hellbraunem Haar.

Finden Sie neutrale Farbtöne der Kleidung, wie dunkleres Beige, Olivgrün, Khaki, Schiefergrau und Burgunder, die mit Ihrem Hautton kontrastieren, aber auch Farbe in Ihren Teint bringen. Vermeiden Sie Pastellfarben, die Sie verwaschen aussehen lassen können.

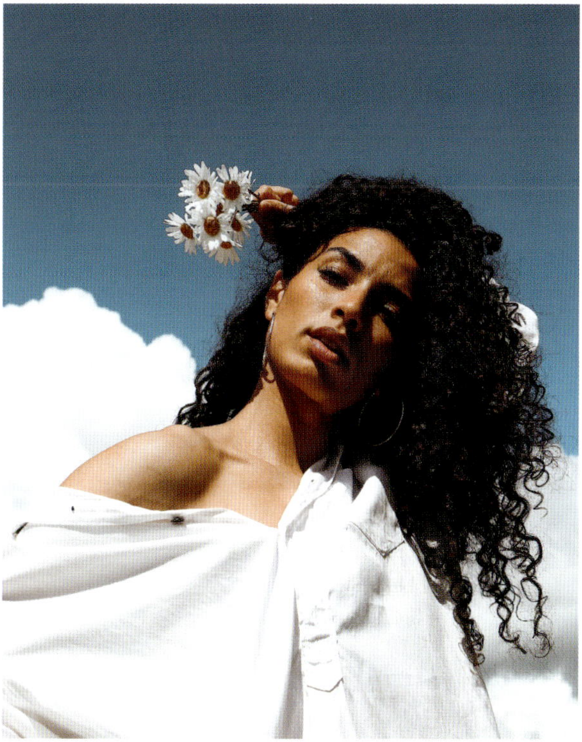

Mari Moore
Das tiefe Blau des Himmels, die weißen Wolken und die Kleidung funktionieren mit dem mittleren Hautton des Models, der Influencerin und Unternehmerin Mari Moore.
@mari.moore_

Olivfarbene/mittlere Haut

Wenn Ihren Haut in der Sonne eine goldene Bräune annimmt, ist das hier vermutlich Ihr Ton.

Entscheiden Sie sich für Farbtöne, die etwas dunkler oder heller sind, anstatt den Mittelweg zu nehmen. Wenn Sie zum Beispiel Blau anprobieren, wählen Sie ein helles oder dunkles Blau. Vermeiden Sie Farben, die viel Gelb oder Grün enthalten; Ihre Haut hat wahrscheinlich diesen Unterton, sie werden sich also keinen Gefallen tun.

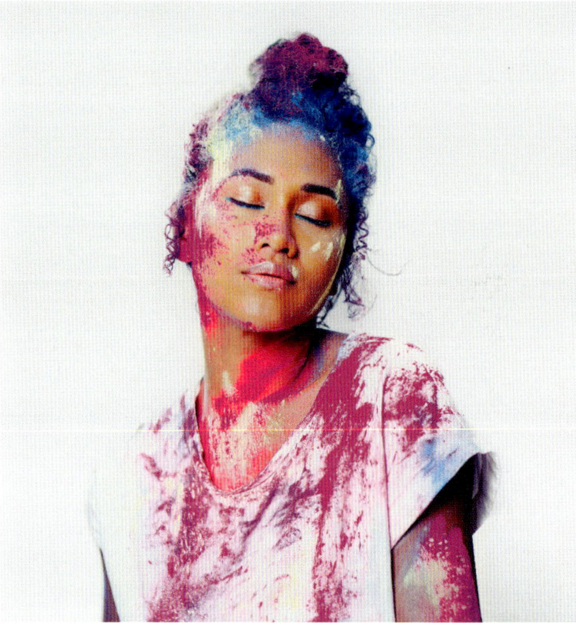

Maya Washington
Bei dunkleren Hauttönen wie dem Washingtons kann man sich für »spritzige« helle Farben wie Magenta und das hier verwendete Königsblau entscheiden. Nehmen Sie viel Farbe – pudern Sie sie auf Ihre Haut und Ihr Haar. Hier ist weniger mehr, und der einfache Hintergrund hebt die leuchtenden Farben noch weiter hervor.
@mayasworld

Dunkle Haut

Karamell, Kaffee oder Schokoladenbraun.

Die Welt liegt Ihnen zu Füßen, und Sie können problemlos fast alle Farben anziehen, mit Ausnahme derer, die genau Ihrem Hautton entsprechen. Sie können wirklich von leuchtenden Farben wie Magenta und Limonengrün profitieren, die andere verwaschen aussehen lassen.

Wie ich bereits erwähnt habe, sollte das Obige nur als ein Hinweis verstanden werden. Zum Beispiel haben manche Menschen mit dunkler Hautfarbe tatsächlich einen »kühlen« Unterton, was sich auf ihr Aussehen in bestimmten Farben auswirkt.

Wenn es um die Idee der »richtigen Farben für Sie« geht: Regeln werden gemacht, um gebrochen zu werden. Wenn Sie

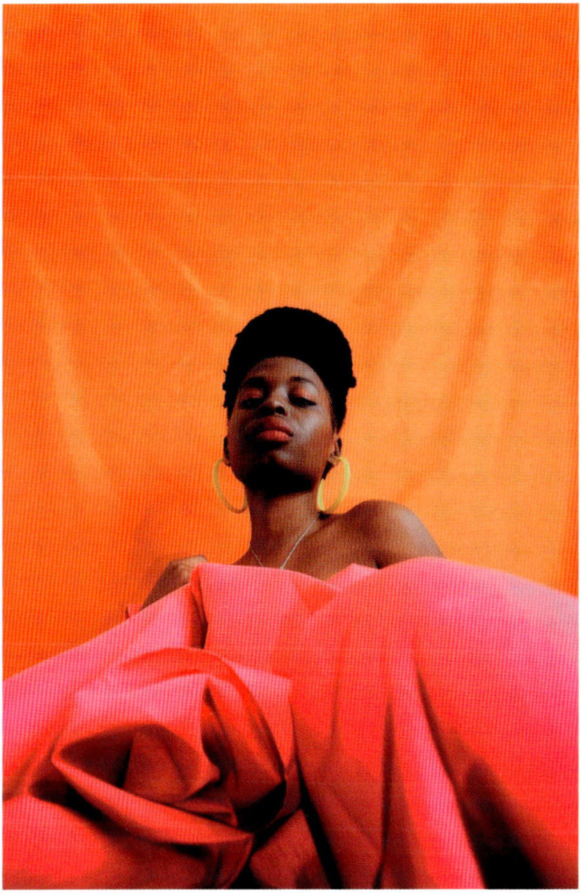

Charlène Irakoze
Die Farben leuchten und wirken sicher – genau wie Irakoze. Grelle Pink- und Orangetöne vermitteln ein tropisches Feeling, das von den gelben Ohrringen und dem akzentuierten Make-up aufgenommen wird.
@cha.rlene_

eine bestimmte Farbe lieben, die für Ihren Hautton nicht ratsam ist, gibt es immer eine Möglichkeit. Vielleicht könnten Sie einen Schal in diesem Farbton hinzufügen oder Ihre Lieblingsfarbe auf der unteren Hälfte tragen, was die Arbeit viel leichter macht, weil sie weiter von Ihrem Gesicht entfernt ist.

Vor allem geht es bei Mode um den persönlichen Ausdruck. Manchmal müssen Sie einfach tragen, was Sie gerade glücklich macht, ungeachtet der Farbe.

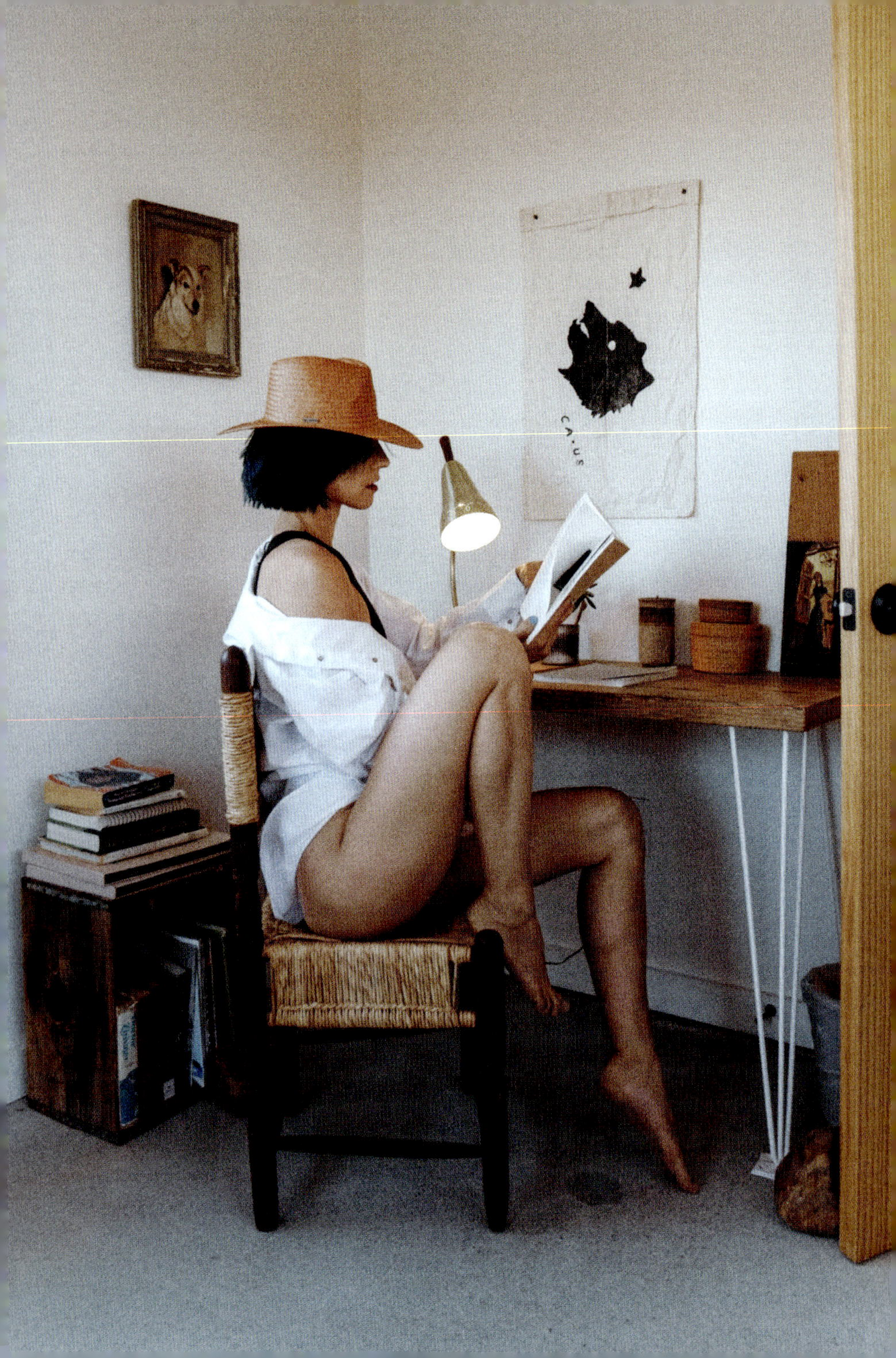
CA·US

Logistik

Ausrüstung

Sie können mit fast jedem Budget ein gutes Selbstporträt anfertigen, und es gibt sowohl billige als auch hochwertige Optionen bei der Wahl Ihrer Ausrüstung.

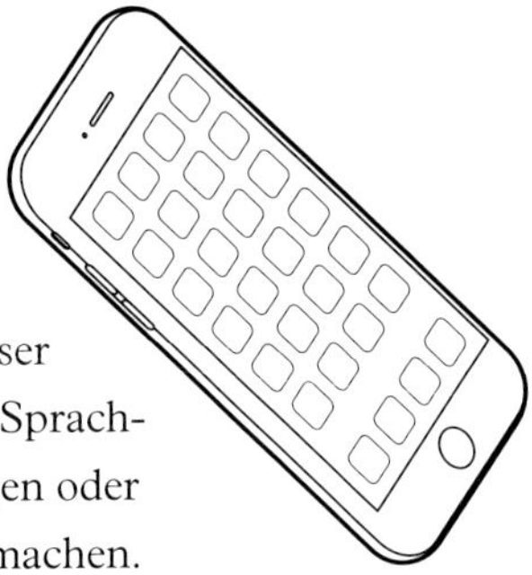

Für Einsteiger

Smartphone

Im Allgemeinen gilt: Je teurer das Telefon, desto besser ist seine interne Kamera. Ich bevorzuge Geräte mit Sprachauslöser, so dass man sich nicht aus der Pose bewegen oder einen Timer einstellen muss, um die Aufnahme zu machen. Alternativ könnte auch ein an Ihr Telefon angeschlossener Bluetooth-Fernauslöser (je nach Kompatibilität) die Aufgabe übernehmen (siehe unten).

Stativ und Halterung

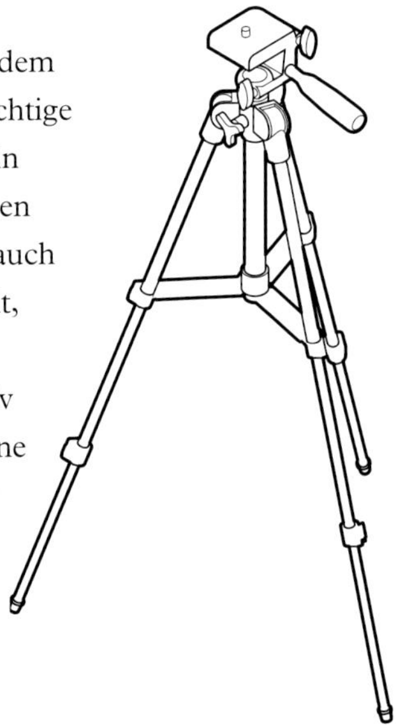

Es ist möglich, fast jedes Smartphone an fast jedem Stativ zu befestigen. Dafür benötigen Sie die richtige Halterung für Ihre Ausrüstung. Ich empfehle ein Stativ, das bis auf Schulterhöhe reicht und dessen Kopf in alle Richtungen geneigt werden kann, auch nach unten. Dadurch haben Sie die Möglichkeit, Fotos im Liegen zu machen, was eine Vielzahl interessanter Winkel ermöglicht. Wenn ein Stativ Ihr Budget übersteigt, können Sie Bücher, Zäune in der Nähe oder alles andere als Stütze für Ihr Telefon verwenden. Allerdings würde Ihre Fotografie darunter leiden, weil Sie in der Auswahl der einstellbaren Winkel erheblich eingeschränkt sein werden.

Für Fortgeschrittene

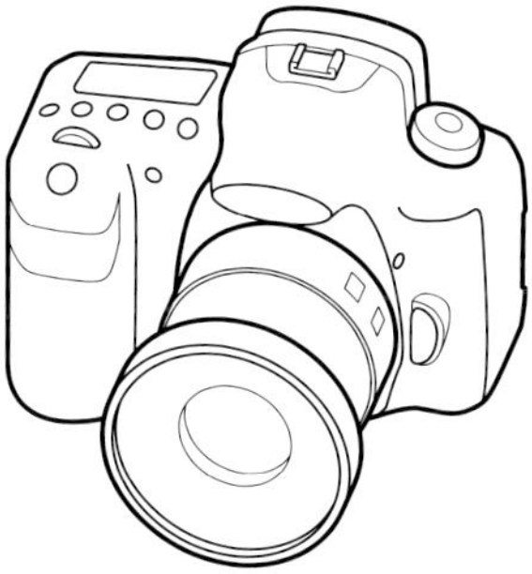

DSLR oder spiegellose Kamera

Im Idealfall können Sie sich über eine App mit Ihrem Smartphone verbinden, sodass Ihr Telefon als Fernauslöser fungieren kann. So können Sie über die App sehen, was Ihre Kamera auf dem Bildschirm Ihres Telefons sieht. Sie können sich also leichter in Pose setzen, um eine perfekte Komposition zu gewährleisten. Professionelle Kameras nehmen RAW-Dateien auf, um die Farbe in Bearbeitungsprogrammen sehr präzise verändern zu können und so die gewünschte ästhetische Stimmung zu kreieren. Sie erzeugen Bilder mit vielen Megapixeln. Sie können also einen Teil des Bildes vergrößern und zuschneiden, ohne dass die Qualität des Fotos beeinträchtigt wird. Professionelle Kameras schneiden auch bei schwierigen Lichtverhältnissen besser ab, es sind also auch Aufnahmen bei starkem Licht oder fast völliger Dunkelheit möglich, ebenso in Innenräumen mit begrenzter Beleuchtung, wo die Handykamera Schwierigkeiten haben könnte. Dank der Auswahl an Objektiven für professionelle Kameras steht Ihnen das gesamte Kreativitätsspektrum offen.

Mein Lieblingsobjektiv

16–35mm Ich benutze dieses Objektiv, wenn ich die gesamte Umgebung und meine Pose darin einfangen möchte. Es ist sehr vielseitig. Denken Sie daran, dass es Objekte verzerrt, die sich nahe am Rand der Aufnahme befinden. Halten Sie sich also in der Nähe der Bildmitte auf, und vermeiden Sie es für Nahaufnahmen.

24–70mm Dieses Objektiv eignet sich perfekt für Nahaufnahmen. Der beste Trick besteht darin, die Kamera weit nach hinten zu stellen, ganz einzuzoomen und sich dann physisch von der Kamera wegzubewegen, bis Sie mit dem Bildausschnitt zufrieden sind. Diese Zoombewegung hilft, die Gesichtszüge zu komprimieren. Diesen Trick sollten Sie immer im Hinterkopf behalten.

Drohne

Wenn Sie Advanced Selfies auf eine höhere Stufe heben und alle überraschen wollen, sind Drohnen großartig. Mit ihnen können Sie unwirkliche Top-Down-Fotos machen, die niemand für Selfies halten wird.

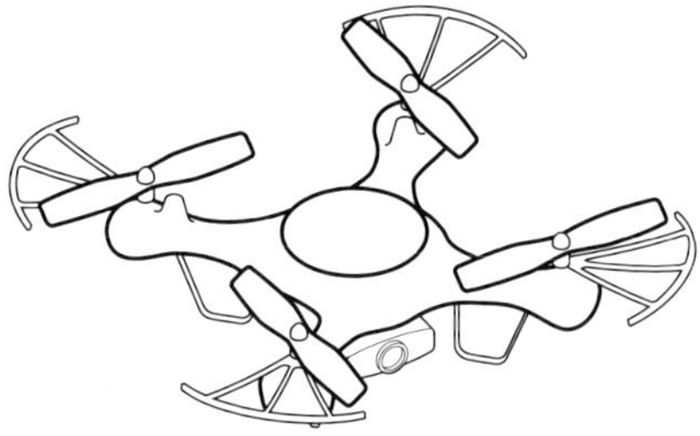

Filter

Früher hielt ich sie nicht für wichtig, aber ich habe mich sehr geirrt. Es gibt eine Reihe von Filtern für eine Vielzahl von Anwendungen, doch mein persönlicher Favorit ist ein zirkulärer Polfilter, weil er hilft, die Details in den Lichtern zu erhalten. Da ich ein großer Fan von Aufnahmen in der Mittagssonne bin, hat sich die Investition für mich absolut gelohnt.

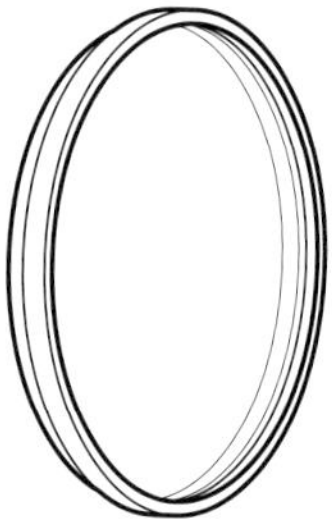

Fernauslöser

Wenn Ihre Kamera keine drahtlose Verbindung über eine Smartphone-App zulässt, suchen Sie sich stattdessen einen Fernauslöser eines Drittanbieters. Dieser erfüllt eine ähnliche Funktion wie Ihr Handy, obwohl Sie wahrscheinlich nicht über den Bildschirm Ihres Telefons durch Ihre Kamera schauen können.

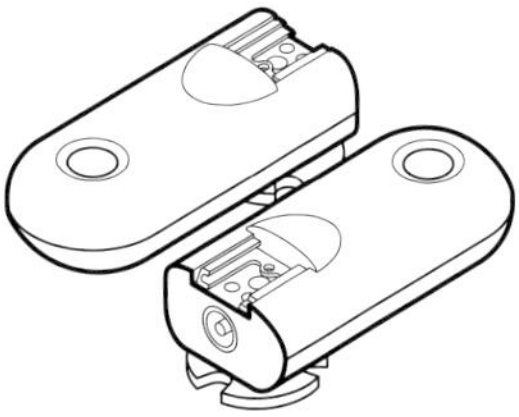

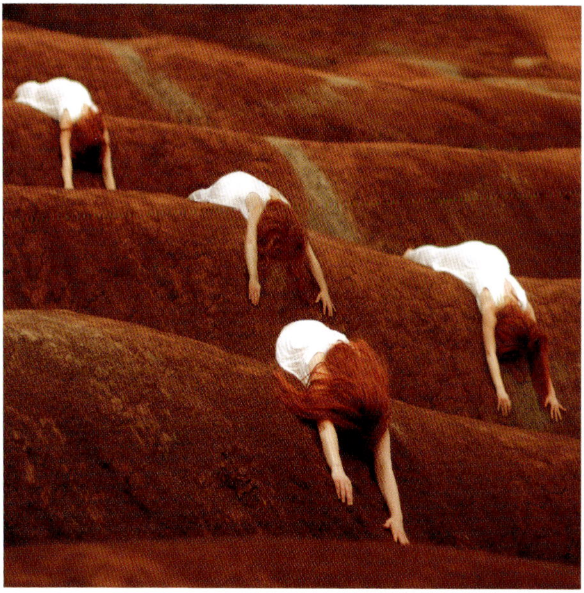

Patty Maher
Dieses Selbstporträt, *The Hills*, wurde an einem öffentlichen Ort mit vielen Menschen aufgenommen, sodass es zuvor geplant werden musste. Maher machte ein paar Testaufnahmen, um die genaue Position und den Winkel festzulegen. Dazu gehörte auch eine Menge Postproduktion.
@pattymaher

Auf welches Ergebnis sind Sie aus?

Wenn Sie mit dem Auto unterwegs sind, haben Sie normalerweise ein Ziel im Sinn. Die Kunst des Advanced Selfie ist dasselbe. Wenn Sie keinen Plan haben, bevor Sie sich auf den Weg machen, kann sich das Ergebnis als eine wunderbare Entdeckungsreise herausstellen, aber Sie haben vielleicht das Gefühl, dass Sie nur ziellos forschen. Es gibt einen Ort zum Spielen und Experimentieren, und manchmal möchten Sie einfach nur sehen, wohin Ihre Kunst Sie führt, aber manchmal brauchen Sie einen Aktionsplan, um »diese eine Aufnahme« zu bekommen.

Stellen Sie die bei der Planung zunächst folgende Fragen:

- Was soll der Betrachter fühlen, wenn er mein Bild sieht?
- Wie wirkt dieser Hintergrund auf mich?
Wie verhält er sich zum Zweck meines Bildes?
- Wirkt meine Kleidung bunt und flippig, dunkel oder einfarbig, sinnlich oder stark?
- Was ist der Zweck dieses Bildes? Soll es aufmuntern, hinterfragen oder bestimmte Gefühle vermitteln?
- Wo soll das Bild verwendet bzw. veröffentlicht werden? Falls es für soziale Medien bestimmt ist, müssen Sie an das Bildformat denken. Hochformate sind ideal für Instagram geeignet. Für eine Webseite oder Marketingmaterial funktioniert eine horizontale Komposition am besten.

One-Snap-Wonder

Ein Lottogewinn. Ein Haiangriff. Von einem Blitz getroffen zu werden. Oder einen in Ihrem Garten vergrabenen Goldbarren finden. All dies ist ebenso selten wie ein perfektes Selbstporträt, das man mit dem ersten Klick erhält.

Ob ich in einem professionellen Fotostudio arbeite, meine eigenen Advanced Selfies aufnehme oder für einen Kunden fotografiere, eine Regel steht über allen, wenn es um die perfekte Aufnahme geht: Sie müssen viele Fotos machen. Natürlich werden Sie mit der Zeit besser. Manchmal bekomme ich schon in den ersten fünf Minuten eine tolle Aufnahme. Aber selbst mit

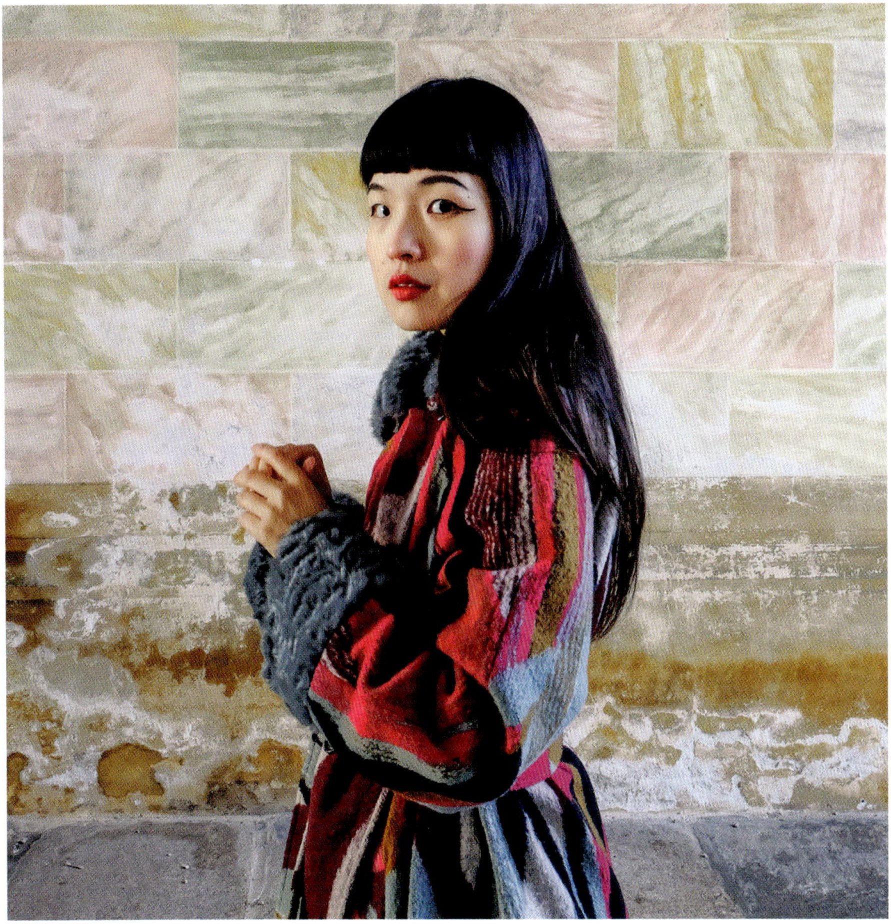

Ouwen Mori

Das Magische an dieser Aufnahme ist, dass es so aussieht, als ob sie einen einzigen perfekten Moment einfängt: Moris Blick über die Schulter und das Fallen ihrer Haare, die von der Kamera festgehalten werden, während es passiert.

Mori arbeitet, indem sie den Timer auf zehn Sekunden einstellt und in dieser Zeitspanne neun Fotos in schneller Abfolge schießt, um einzelne Momente von so himmlischer Schönheit festzuhalten.

@ouwenmori_selfportrait

all meiner Erfahrung kommt es vor, dass ich eine Stunde lang fotografiere, bevor ich eine Aufnahme im Kasten habe. Hier sind Geduld und die Freude an der künstlerischen Reise sehr wichtig, wenn Sie nicht Ihren Verstand verlieren wollen.

Vorbereitung ist der Schlüssel – nicht einfach ziellos klicken und auf das Beste hoffen. Stellen Sie Ihr Bild zusammen, überprüfen Sie Ihre Kameraeinstellungen, testen Sie einige Posen, um zu sehen, wie Sie am besten aussehen könnten, und analysieren Sie Ihre Beleuchtung. Und wenn das erledigt ist, nehmen Sie sich ein wenig Zeit für Testaufnahmen, um an der Pose zu arbeiten. Das kann etwas länger dauern, aber so können Sie Ihre Chancen maximieren, in kürzester Zeit die Aufnahmen zu machen, die Ihnen gefallen.

Manchmal liegt es auf der Hand

Von Anfang an bestand die Kunst des Advanced Selfie darin, meine Bilder, möglichst hochmodern und professionell aussehen zu lassen, wobei niemand anders als ich die ganze Arbeit macht. Mit meiner Instagram-Timeline möchte ich den Eindruck erwecken, dass ich jederzeit von einem professionellen Fotografen beschattet werde. Ich meine, wenn es für Prominente wie Kylie Jenner und Models wie Alexis Ren funktioniert, warum kann ich dann nicht so aussehen, als würde ich auch auf ihrem Niveau spielen?

Ich finde es toll, wenn die Leute feststellen, dass ich alles alleine mache, ohne fremde Hilfe. Das beeindruckt nicht nur mein Publikum, sondern verleiht meiner Kunst eine ganz neue Dimension. Aber es ist durchaus eine Herausforderung.

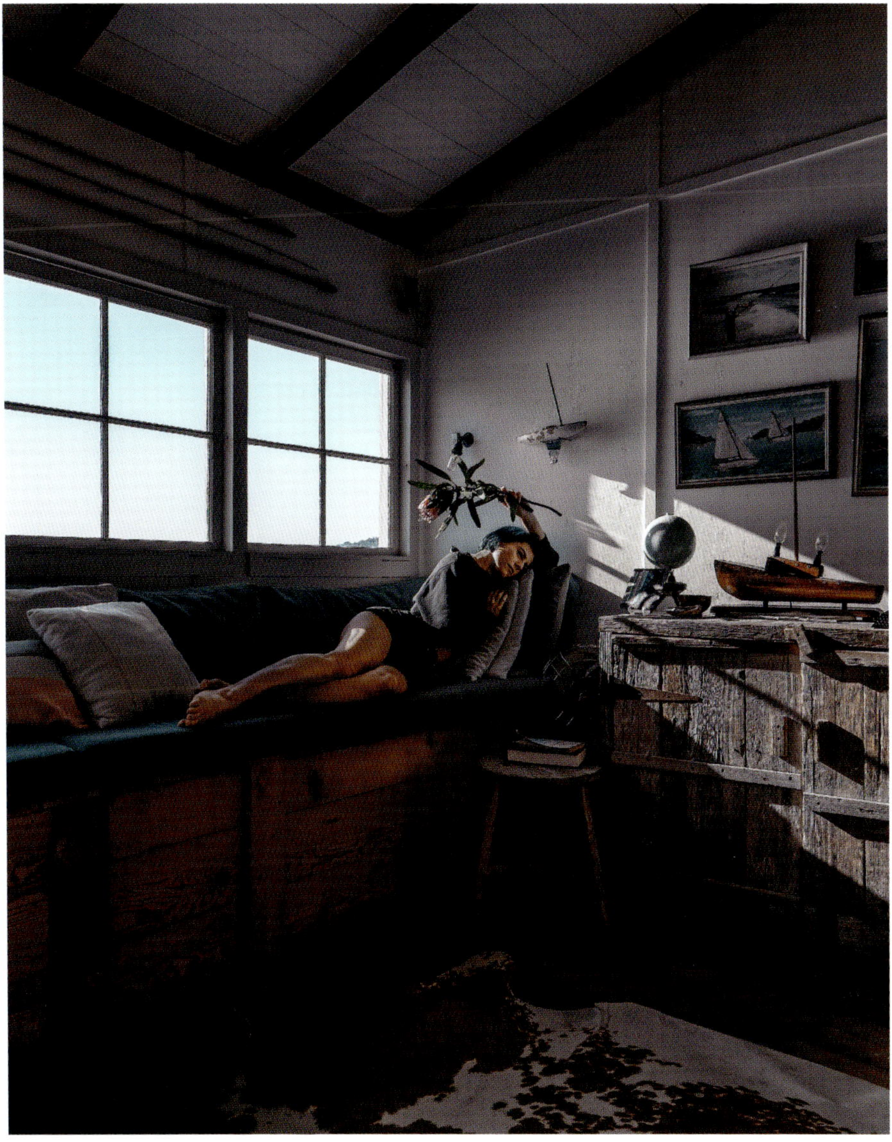

Diese Aufnahme war wegen der atemberaubenden Schattenwürfe auf die perfekte Tageszeit angewiesen. Ich bin im Bild relativ klein, deshalb musste der Bildausschnitt stimmen, damit es nicht unübersichtlich wird. Dann war die entspannte Pose ein Thema – zum Glück hatte ich noch die Idee mit der Blume, die das Bild vollendete.

Trotz der weitverbreiteten Meinung ist das Posieren schwierig. Ich verbeuge mich vor professionellen Modellen, die jahrelang ihr Handwerk perfektioniert haben und über ein unglaubliches Körperbewusstsein verfügen, sodass sie fast immer in Sekundenschnelle eine perfekte Pose einnehmen können. Andererseits ist es auch nicht leicht, Fotograf zu sein. Man muss über die Beleuchtung, die Kameraeinstellungen, den Hintergrund, die Positionierung des Modells, die Geschichte, die der Betrachter wahrnehmen soll, die Emotionen im Bild etc. nachdenken. Und beim Selfie übernehmen Sie beide Aufgaben. Ja, die nächste Stufe ist schwierig. (Aber die Ergebnisse sind es wert. Bleiben Sie dran.)

Wenn Sie nicht verraten wollen, dass Sie Ihre Fotos selbst gemacht haben, um diesen zusätzlichen Wow-Faktor hinzuzufügen, müssen Sie ein paar Dinge bedenken. Deutliche Hinweise auf ein Selfie sind:

- Zu nah an der Kamera stehen, Komposition nicht im Fokus (lassen Sie negativen Raum im oberen Bilddrittel, nicht an den Seiten).
- Fernbedienung oder Fernauslöser in der Hand zu sehen
- Foto zu stark bearbeitet
- Foto zu voll
- Zu starke Pose und Mund zu sehr zusammengepresst
- Halbherzige Pose
- Grundloser Bruch der kompositorischen Regeln
- Zu viel oder amateurhaftes Make-up

Verräterisch bei einem Selfie ist der exzessive Gebrauch des Posing. Ich spreche von den Händen auf den Hüften, dem falschen Lächeln, den Rehaugen, den unbeholfenen oder starren Händen, der Roboterhaltung oder dem berüchtigten Duckface. Eine tolle Pose ist normalerweise unbequem zu halten, sollte aber nicht unbequem aussehen. Ganz gleich, wie schwer es für Sie war, die Pose einzunehmen, sie sollte fließend wirken. Sie erreichen das, indem Sie Ihre Hände oder Arme in einer Pose entspannen, indem Sie ein Bein entspannen, während das andere fest in der Pose bleibt und so weiter.

Vor allem dreht sich alles um das Gesicht. Wie schmerzhaft die Pose auch sein mag, Ihr Gesicht muss immer so aussehen, als ob es Ihnen nichts ausmacht. Wenn Sie die Balance zwischen Schmerz (die Pose) und Vergnügen (die Entspannung in Ihrem Gesicht) halten können, haben Sie gewonnen.

Selfie – Hop oder Top

Wie bei jeder Kunstform sind auch bei Selfies die Regeln dazu da, gebrochen zu werden. Das meiste in diesem Buch sollte als Richtlinie betrachtet werden, um Ihnen zu helfen, die besten Ergebnisse zu erzielen. Aber wenn Sie wirklich wollen, dass Ihre Advanced Selfies aus der Masse hervorstechen, sollten Sie versuchen, ihnen den »WOW«-Faktor einflößen.

Es gibt keine feste Regel, wenn es um den Wow-Faktor in Ihren Bildern geht, und es kann so einfach oder kompliziert sein, wie Sie wollen. Aber zu Beginn möchte ich Sie ermutigen, sich damit auseinanderzusetzen, was Bilder für Sie auszeichnet. Wenn Sie das nächste Mal durch Ihren Instagram-Feed scrollen oder Ihre Lieblingsfotografen studieren, achten Sie darauf, welche Art von Bildern Sie innehalten oder staunen lassen. Ver-

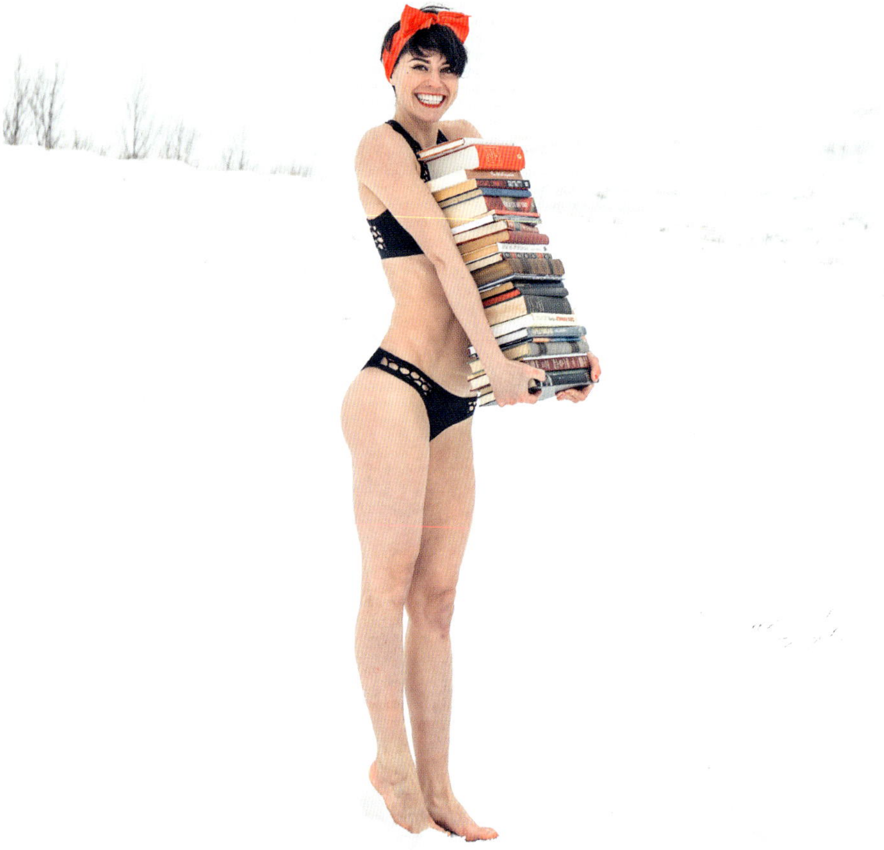

Meine erste Advanced-Selfie-Serie verbreitete sich viral und erreichte mehr als 8 Millionen Menschen, obwohl ich keine Follower hatte. Das ist ein Kunststück, das die meisten Künstler nie erreichen werden. Aber es lag einfach daran, dass ich bereit war, die Welt sowohl vor als auch hinter der Kamera zu sehen. Es ist eine Perspektive, die nur sehr wenige Menschen verstehen, und sie verleiht meiner Arbeit eine faszinierende Dimension.

suchen Sie dann, diese Besonderheiten in Ihren eigenen Bildern nachzuahmen, oder denken Sie sich Ihre eigenen aus. Denken Sie darüber nach, wie Sie etwas Besonderes schaffen können, das noch niemand zuvor gemacht hat, oder etwas so Erstaunliches, dass die Leute nicht anders können, als es zu bemerken.

Nehmen Sie mich als Beispiel. Ich bin in Australien geboren, habe aber einen großen Teil der letzten Jahre in Island gelebt. Dies ist einer der merkwürdigsten, rätselhaftesten und speziellsten Orte auf dem Planeten, und es ist auch das krasse Gegenteil des sonnendurchfluteten, warmen, strandreichen Australiens. Noch bevor ich überhaupt auf den Begriff Advanced Selfie kam, schuf ich eine Reihe von Bildern, in denen ich mein Heimatland mit der Landschaft Islands vermischte. Ich zog meinen Bikini an und ging nach draußen in den eisigen Schnee des isländischen Winters, um Szenen nachzustellen, die so aussahen, als wäre ich wieder zu Hause in Australien. Von einem Picknick auf einer Schneedecke über Minigolf, Gartenbewässerung, Yoga und alles, was dazwischen lag, zeichnete sich diese Reihe von Bildern dadurch aus, dass die Fotos besonders, ungewöhnlich und anders waren.

Aber nicht nur das, die Leute waren verrückt danach. Meine »Bikini in the Snow«-Serie wurde in Magazinen, Fernsehsendungen, Social-Media-Publikationen und Nachrichtenagenturen in Dutzenden von Ländern auf der ganzen Welt gezeigt. Was damit begann, dass ich meine Kreativität im Schnee entfesselt habe, wurde zu einer weltweiten Sensation, und das alles nur, weil ich meinen Bildern etwas Besonderes hinzugefügt habe, etwas, das die Leute sagen ließ: »Wow!«

Sie müssen nicht so weit gehen, dass Sie sich auf die andere Seite der Welt begeben oder im Schnee einen Bikini anziehen. Doch überlegen Sie einmal, wie Sie sich von anderen Menschen abheben und sie durch Ihre Bilder zum Staunen bringen können. Denken Sie anders. Seien Sie anders. Und schaffen Sie andere Kunst.

Selfie-Sicherheit

Fake it till you make it – dieser Slogan ist weit verbreitet – also so lange tun als ob, bis man es wirklich kann. Das ist eine gute Philosophie, die Sie im Hinterkopf behalten sollten, wenn Sie darüber nachdenken, wie Sie Sicherheit bei Ihren Selfies zeigen. Ganz gleich, wie nervös oder schüchtern Sie bei der Aufnahme Ihrer eigenen Fotos sind, es gibt subtile Dinge, die Sie tun können, um sicher zu wirken, um den Betrachter so zu täuschen, dass er Ihre innere Kraft sieht.

Natürlich sollte Sie nicht jedes Foto vor Zuversicht strotzend zeigen. Wenn das Ziel Ihres Bildes darin besteht, verletzlich, zart oder traurig auszusehen, ist eine selbstbewusste Pose vielleicht nicht die beste Wahl. Mangelndes Selbstvertrauen ist jedoch einer der häufigsten Gründe, warum Menschen mit ihren eigenen Bildern unzufrieden sind, deshalb ist es wichtig, sich damit auseinanderzusetzen.

Hier sind ein paar Taktiken, um sich in eine selbstbewusstere Pose zu bringen. Denken Sie daran, dass diese Regeln umgekehrt oder über Bord geworfen werden können, wenn Sie das Gegenteil erreichen wollen.

- Finden Sie Ihre besten Winkel heraus und zeigen Sie sie.
- Behalten Sie eine starke Pose bei, aber entspannen Sie Ihr Gesicht. Die Anstrengung beim Einnehmen Ihrer Pose darf im Bild nicht zu sehen sein. Das ist kein Ausdruck von Sicherheit. Kontrollieren Sie Ihre Pose, aber entspannen Sie Ihr Gesicht. Dadurch entsteht der Eindruck, dass Sie die Kontrolle haben, mit einem ruhigen, selbstsicheren Auftreten.
- Schauen Sie nicht weg – der Blick direkt in die Kamera bedeutet Sicherheit.

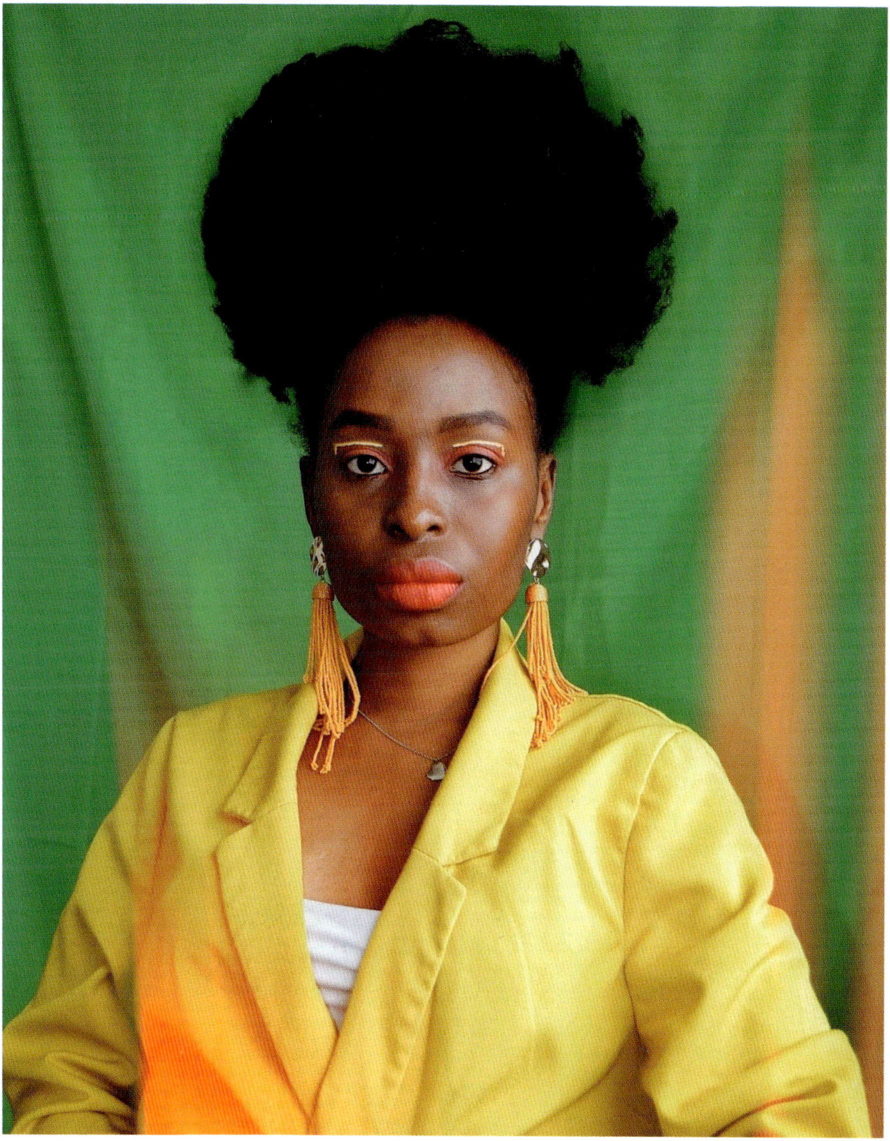

Charlène Irakoze
Irakoze strahlt Sicherheit aus. Ihre geschminkten Augen sind engagiert und direkt, und ihre offene Haltung und die Art, wie ihre Ohrringe auf den Schultern ruhen, vermitteln den Eindruck von müheloser Sicherheit.
@cha.rlene_

- Lächeln Sie mit den Augen, um einen gehetzten Eindruck zu vermeiden. Wenn Sie an etwas Glückliches, Kraftvolles denken müssen, um Ihre Augen zum Lächeln zu bringen, dann tun Sie es. Alternativ können Sie auch Ihr unteres Augenlid ganz leicht bewegen. Die Ergebnisse sind die gleichen.
- Entspannen und teilen Sie Ihre Lippen. Entkrampfen Sie Ihre Kiefer.
- Ziehen Sie Ihre Schultern zurück und nach unten. Eine gute Körperhaltung ist der Schlüssel zu einem selbstbewussten Auftreten, aber übertreiben Sie es nicht, sonst sehen Sie am Ende aus wie ein Roboter oder ein Baumstamm.
- Lassen Sie Ihre Ärmel nicht über Ihre Hände hängen. Es ist süß, aber oft sieht man im wirklichen Leben Kinder oder Jugendliche, die es tun, wenn ihnen das Vertrauen fehlt. Man würde jemanden wie Fernanda Ly nicht dabei sehen, wenn sie auf einem Foto selbstbewusst posiert. Und da Sie sein wollen wie sie, sollten Sie das auch vermeiden.
- Lächeln Sie leicht. Überlassen Sie den emotionslosen Blick den professionellen Models, denn diejenigen von uns, die keine perfekten Wangenknochen haben, können das nicht überzeugend umsetzen und wirken lächerlich, wenn wir nicht etwas mit unseren Lippen oder Augen machen. Lächeln Sie wenigstens ein bisschen, vielleicht stellen Sie sich vor, dass Sie gerade Ihren Schwarm dabei erwischt haben, wie er Sie anschaut.
- Ihr Kinn sollte geradeaus oder leicht nach oben zeigen. Das Kinn nach unten zu neigen oder den Kopf leicht zur Seite zu drehen, kann gut aussehen, ist aber nicht so sicher, wie wenn man direkt in die Linse blickt.
- Stehen Sie dazu. Selbst ein winziger Hauch von Zurückhaltung in Ihrer Pose vermittelt Unsicherheit. Engagieren Sie sich für das

Foto; schließlich sind es nur Sie und Ihre Kamera. Denken Sie daran, ein schlechtes Foto sind nicht Sie, es ist nur ein schlechtes Foto, und Sie können es jederzeit löschen. Analysieren Sie nicht zu viel.

- Bieten Sie sich selbst Bestätigung und Ermutigung an. Selbst professionelle Models haben ihre bevorzugten Blickwinkel, und auch sie hassen viele ihrer Bilder. Sie sind menschlich, genau wie wir alle. Seien Sie nett zu sich.

Letztendlich ist es wichtig, sich daran zu erinnern, dass Vertrauen ein Geisteszustand ist, den jeder erreichen kann. Werfen Sie einfach einen Blick ins Internet; jeder, unabhängig von Form, Größe, Nationalität, Hautfarbe und Alter, ist irgendwo vertreten und wird von vielen verehrt. Es gibt keine bestimmte Art und Weise, wie Sie aussehen sollten, um sich schön oder dankbar für Ihr Aussehen zu fühlen.

Der wirkliche Durchbruch zum Selbstvertrauen wird kommen, wenn Sie es wirklich spüren. Wenn Sie diesen inneren Kritiker nicht zum Schweigen bringen können, versuchen Sie es mit einer tiefen Atmung, Selbstreflexion, Meditation und umgeben Sie sich mit Menschen, die die Schönheit in Ihnen sehen, die Sie selbst vielleicht nicht immer erkennen. Praktiken wie diese können Wunder wirken.

Und denken Sie daran: Auch wenn es in unserer Gesellschaft den Anschein haben mag, als könnten hohes Selbstvertrauen und Demut nicht nebeneinander bestehen, ist dies nicht der Fall. Sie können selbstbewusst sein, ohne ein Ego zu entwickeln. Sie können stolz auf Ihren Körper und Ihre Seele sein, ohne andere wegen ihres Aussehens und ihrer Gefühle zu erniedrigen. Was auch immer Sie tun, tappen Sie nicht in die gesellschaftliche Falle, Ihr eigenes Selbstvertrauen aufzubauen und es dann dazu zu benutzen, andere herunterzuziehen, die vielleicht nicht so sicher sind wie Sie.

Nicht Sie sind das, sondern die Perspektive

Kann man der Kamera eigentlich vorwerfen, dass sie einen schlecht aussehen lässt? Ja! Und es dreht sich alles um die Perspektive.

Ihre Körperform, Größe und Proportionen verändern sich, je näher Sie dem Objektiv kommen. Den Effekt nennt man perspektivische Verzerrung. Er funktioniert nach dem Prinzip, dass alles, was näher an der Kamera ist, vergrößert wird. Der Effekt kann je nach Objektiv, mit dem Sie fotografieren, verstärkt werden. Beispielsweise werden Elemente in den Ecken eines Bildes, das mit einem Weitwinkelobjektiv aufgenommen wurde, erheblich verzerrt und wirken unruhig, und nicht so, wie sie in Wirklichkeit aussehen.

Die Perspektivverschiebung kann für Ihre Bildkomposition katastrophal sein, aber manchmal können Sie sie zu Ihrem Vorteil nutzen. Hier sind einige Tipps, wie Sie die Perspektive nutzen können – und wie Sie sie nicht nutzen sollten.

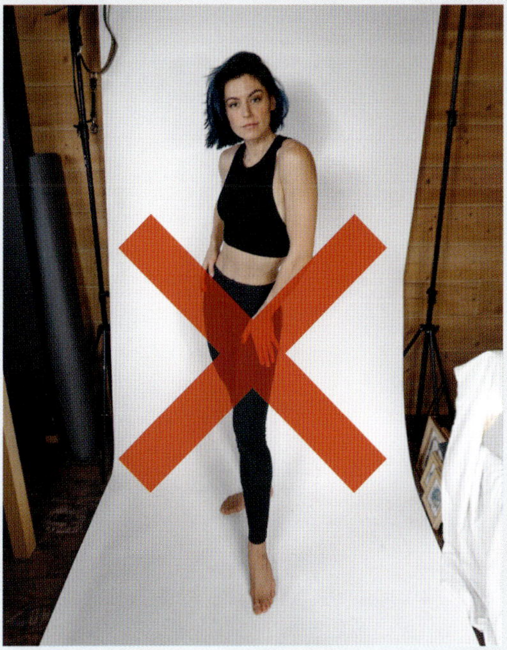

Nicht auf Schulterhöhe fotografieren
Der häufigste Fehler ist, ein Foto im Stehen von sich selbst zu machen und das Handy auf Schulterhöhe zu halten. Das führt dazu, dass das Modell sehr kurze, stämmige Beine zu haben scheint, weil die obere Körperhälfte näher am Objektiv liegt und durch die Perspektive größer erscheint.

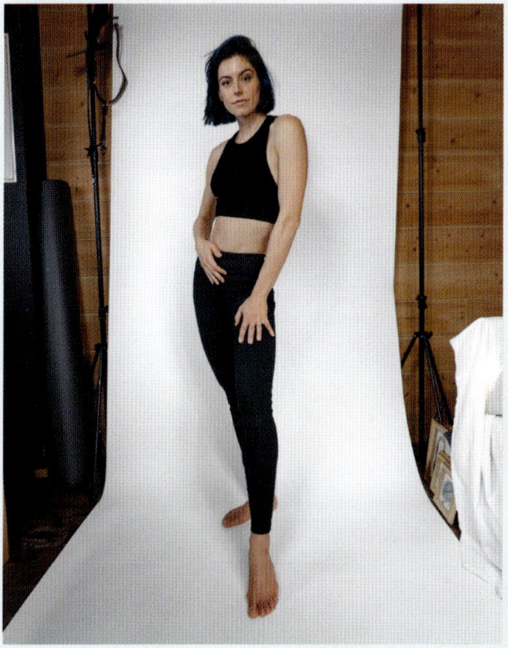

Schuss aus der Hüfte
Wenn Sie den ganzen Körper mit der Absicht fotografieren und die Proportionen halten wollen, versuchen Sie, aus Hüfthöhe zu schießen. Noch besser. Wenn Ihre Beine lang aussehen sollen, fotografieren Sie aus Kniehöhe und stellen Sie Ihren Fuß 20 cm vom Körper weg in Richtung Kamera. Durch die Magie der Perspektive werden Ihre Beine länger!

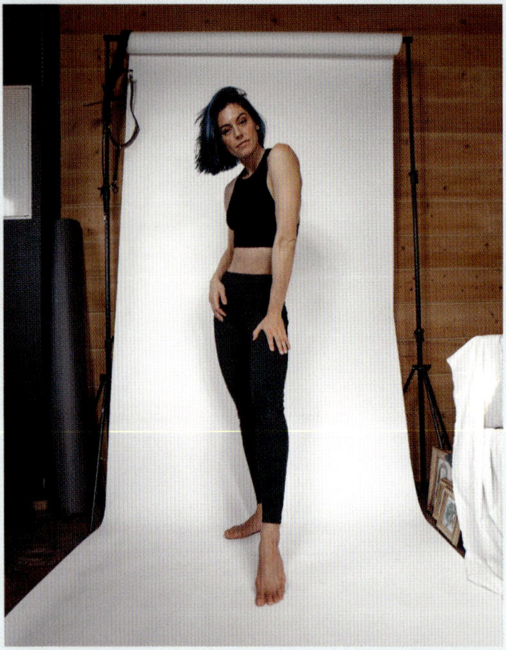

Arme kontrollieren
Wollen Sie einen Arm kleiner erscheinen lassen? Drehen Sie Ihren Körper leicht, sodass der Arm weiter hinten im Rahmen liegt als Ihr Körper.

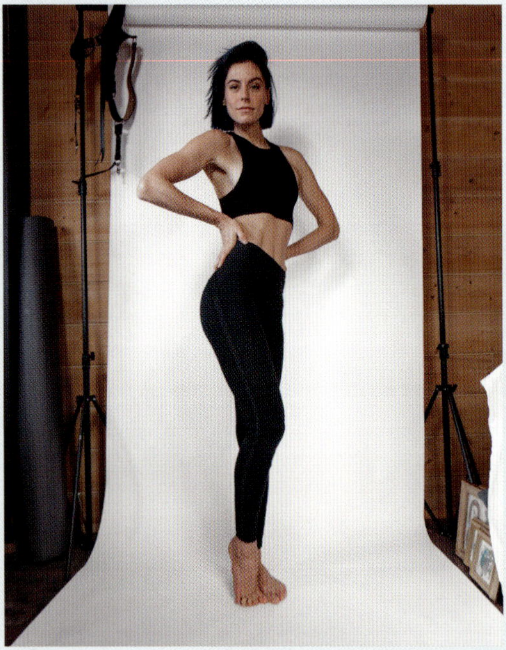

Stärkerer Po
Um einen knackigen Po zu bekommen, ohne jeden Tag 1.000 Kniebeugen im Fitnessstudio zu machen, drehen Sie Ihre Hüften und schieben Sie Ihren Hintern zur Seite und näher an die Kamera. Und schon haben Sie einen runderen Hintern.

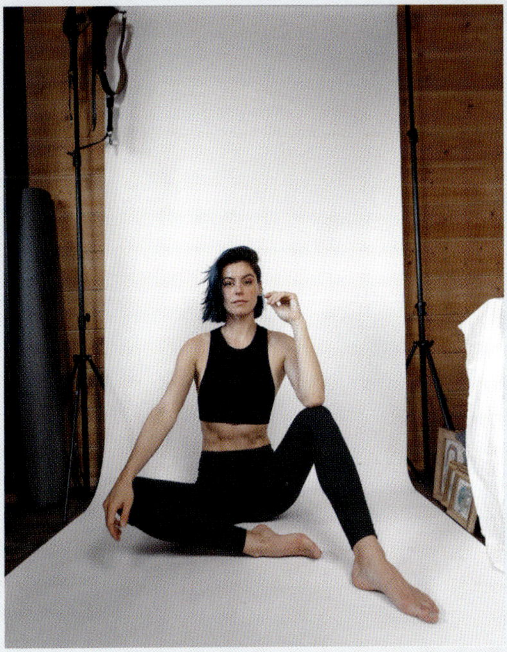

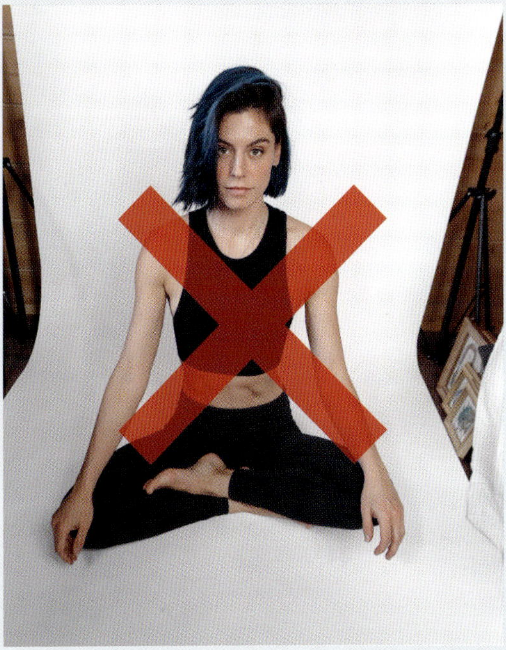

Im Sitzen halb nach oben

Wenn Sie sitzende Posen fotografieren, achten Sie darauf, dass die Kamera auf der Mittellinie Ihres Körpers positioniert ist. Jedes Foto, das mit einer nach unten geneigten Kamera von weiter oben aufgenommen wird, lässt Ihre Beine winzig aussehen. Wenn Sie Ihre Beine in Richtung der Kamera bringen (und sie nicht hinter sich verstecken), sehen sie eine Million Kilometer lang aus.

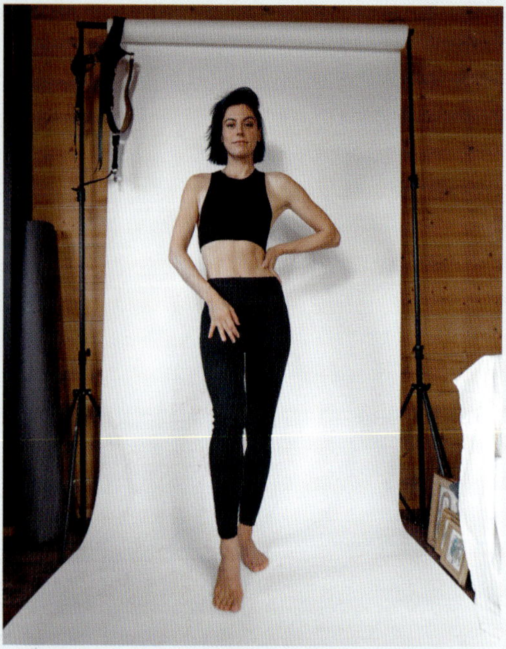

Brustkorb vergrößern
Wenn Sie glauben, dass Ihr Brustkorb zu klein oder zu groß ist (dies gilt sowohl für Männer als auch für Frauen), können Sie die Oberseite Ihres Oberkörpers nach vorne oder hinten neigen, um die scheinbare Größe zu verändern.

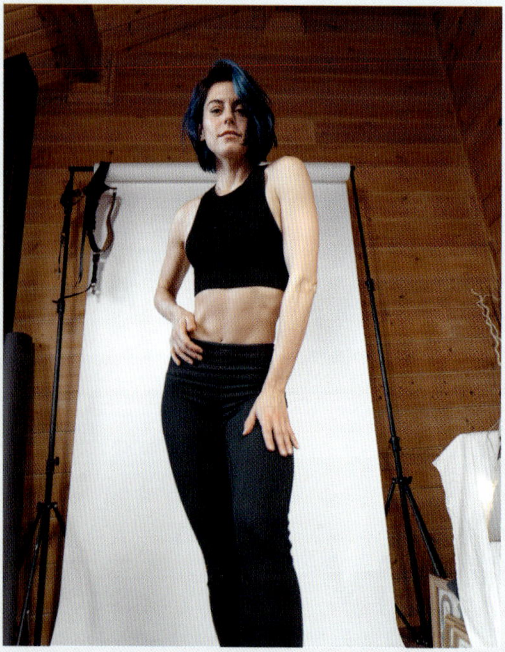

Nah ran
Ich liebe es, mich selbst aus nächster Nähe und ganz tief unten zu fotografieren. Das ist Ideal für mich. Allerdings vergrößert das meine Hüfte (was großartig ist, wenn ich auf dieses Mollige abziele, ansonsten eher nicht), aber wenn ich meine Hüften einknicke und ein wenig nach vorne schwenke (mit geradem Rücken), wird mein Oberkörper wieder in die Proportionen zurückkehren und mich wie eine mächtige Amazonen-Göttin aussehen lassen.

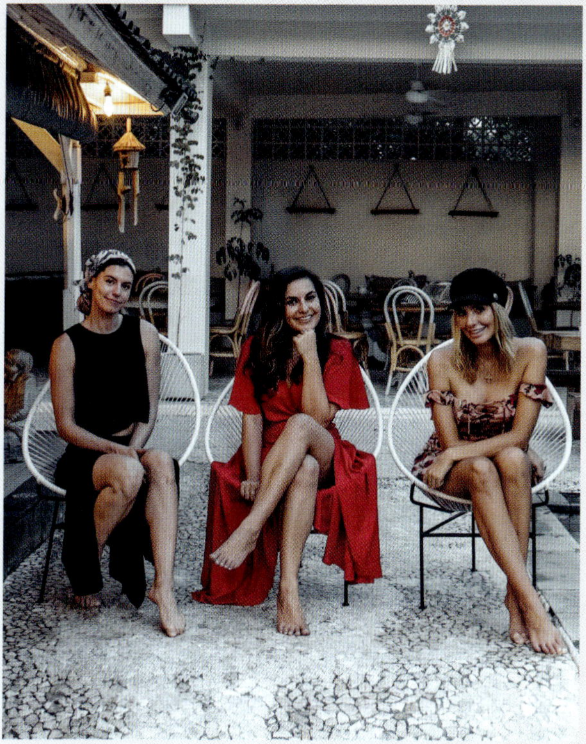

Versierte Gruppenaufnahmen
Bitten Sie Ihre Freunde, den Rand des Fotos zu meiden, damit sich niemand der perspektivischen Verzerrung aussetzt. Werden Sie zum Helden des Tages, indem Sie Ihren Freunden beibringen, wie sie mit Ihren Posing-Ratschlägen ihre besten Winkel hervorheben können. Stacheln Sie sich gegenseitig auf, damit alle strahlen.

Jetzt, da Sie sich bewusst sind, wie die Verschiebung der Perspektive Ihr Erscheinungsbild vor der Kamera verändern kann, haben Sie bereits die halbe Miete für ein makelloses Bild.

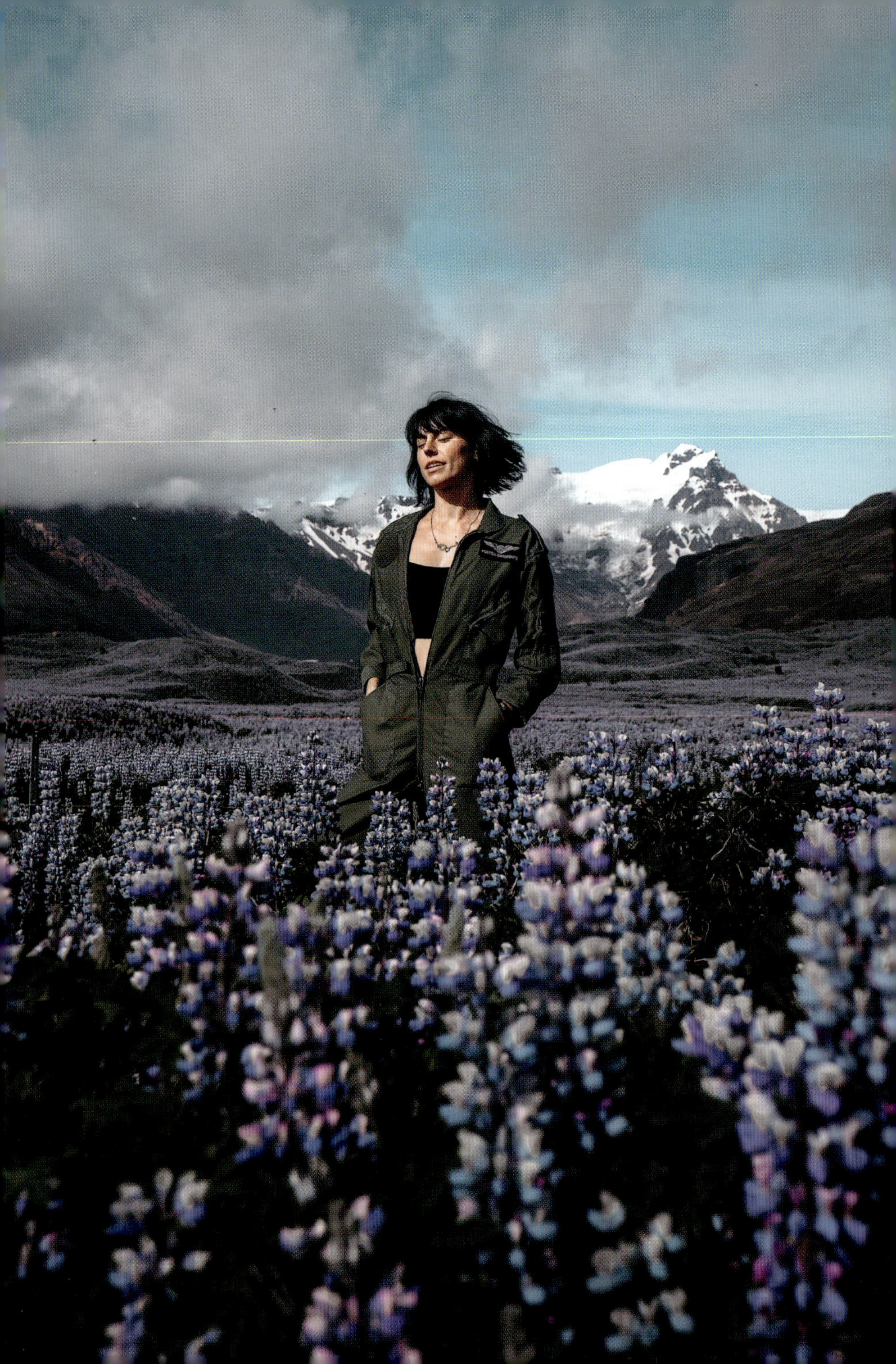

Fotografie

Fotografie: Die Grundregeln

Es gibt ein paar Grundregeln der Fotografie, die jeder verstehen muss, um das Selbstporträt zu beherrschen. Jetzt, da Sie gleichzeitig Modell und Fotograf sind, ist es an der Zeit, sich mit den Grundlagen vertraut zu machen.

Komposition

Die Komposition eines Bildes – wie Sie Objekte oder sich selbst im Bildausschnitt platzieren – kann über Ihr Werk entscheiden. Es gibt viele Meinungen darüber, was eine großartige Komposition ausmacht, aber allgemein ist man sich einig, dass das Bild ausgewogen und für das Auge ansprechend sein sollte. Der Rahmen sollte niemals unübersichtlich erscheinen, auch wenn das Ziel darin besteht, Chaos zu vermitteln. Idealerweise sollte es leeren Raum geben (oft als »Weißraum« bezeichnet – auch wenn er nicht weiß ist), damit das Auge »atmen« kann, und es sollte Details geben, die schnell erfasst werden können.

Wenn noch keine Erfahrungen haben, versuchen Sie, Ihren Standort im Bild nach oben und unten, von einer Seite zur anderen und zur Linse hin und von ihr weg zu verschieben. Wenn Sie eine Reihe von Testaufnahmen gemacht haben, blättern Sie durch die Bilder und sehen Sie, welche sich am besten anfühlen. Dies ist eine gute Möglichkeit, mit der Komposition des perfekten Advanced Selfie zu beginnen.

Wir spüren instinktiv, was dem Auge gefällt, auch wenn wir die Regeln der Fotografie nicht kennen. Wir wurden mit dieser Fähigkeit geboren, also fangen Sie an, sie zu nutzen.

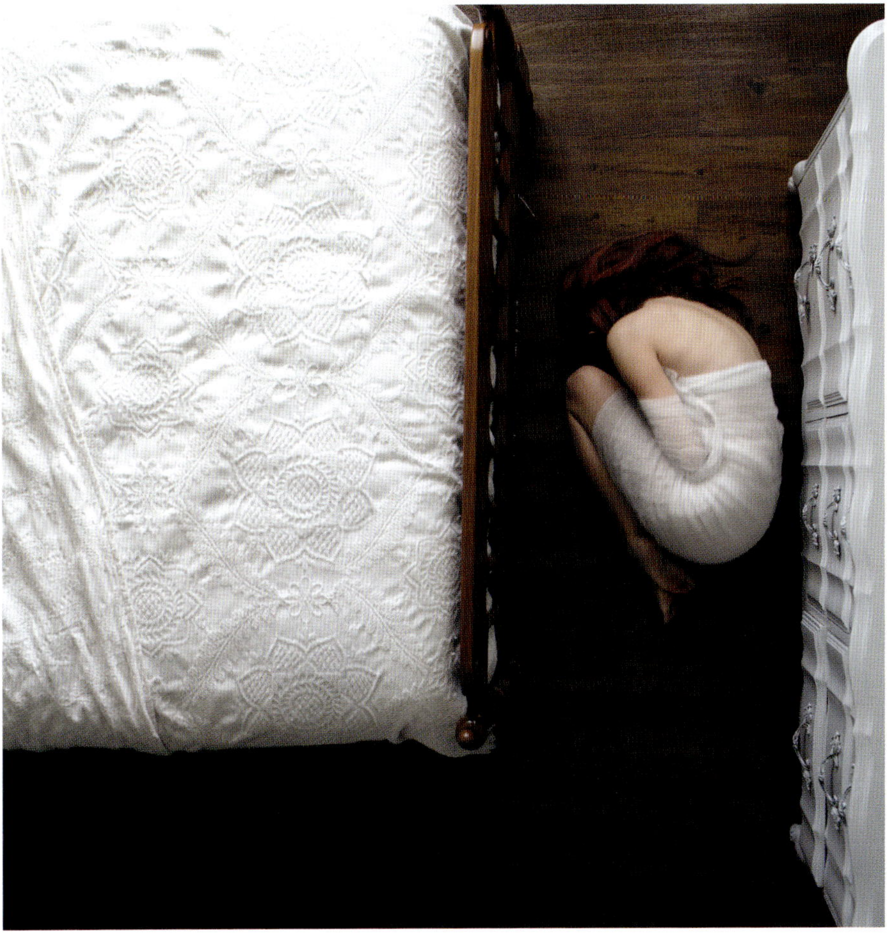

Nicole Campanello
Der größte Teil der »Aktion« findet im rechten Drittel dieses Selbstporträts *In-Bloom* statt. Die Formen helfen, die Aufnahme zu umrahmen, und die Bettdecke schafft einen negativen Raum gegen das Dunkel des Bodens. Die eng gewellte, organische Form von Campanello selbst kontrastiert mit den härteren, linearen Formen der Möbel.
@nicolecampanello

Die Drittelregel

Die bekannteste Regel in der Fotografie ist die Drittelregel. Wenn Sie nur eine Regel verwenden, ist dies diejenige, die Ihre Bilder standardmäßig ästhetisch ansprechend macht. Irgendwie sorgt sie für ein sofortiges Gleichgewicht, ohne dass Sie viel anderes tun müssen.

Stellen Sie sich vor, es gäbe zwei Linien vertikal und zwei horizontal in gleichmäßigem Abstand über das Bild, sodass neun gleich große Kästen entstehen. Entlang jeder dieser imaginären Linien und an den Punkten, an denen sie sich schneiden, liegen die perfekten Stellen, an denen Sie Ihr Motiv platzieren können. Sie könnten sich zum Beispiel in die Mitte stellen, wobei die Oberseite Ihres Kopfes die erste obere horizontale Linie berührt. Oder, wenn es sich um eine Nahaufnahme handelt, legen Sie die Augenlinie über diese obere Linie. Wenn Sie die meisten der oberen Kästchen leer lassen, erhalten Sie den Weißraum, der für ein ausgewogenes Kunstwerk unerlässlich ist. Sie können das Motiv auch auf einer der beiden vertikalen Linien platzieren, um die Augenlinie dort zu erhalten, wo sich diese vertikale Linie und die obere horizontale Linie schneiden.

Wenn Sie die Drittelregel einmal beherrschen, können Sie sie auch brechen – aber nur, wenn Sie verstehen, warum. Alle Regeln in der Fotografie können gebrochen werden, aber es muss einen guten Grund geben (z. B. Chaos oder Unbehagen vermitteln).

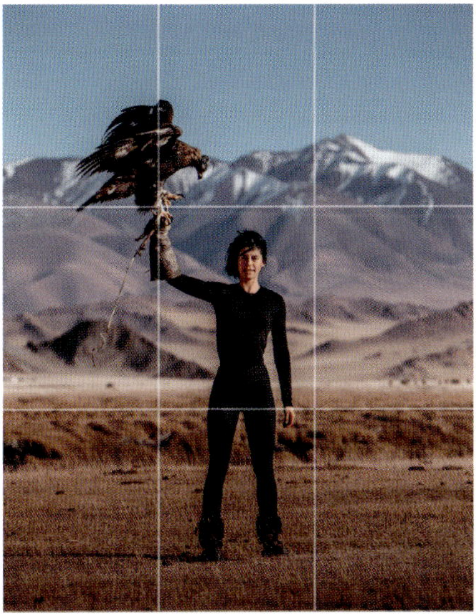

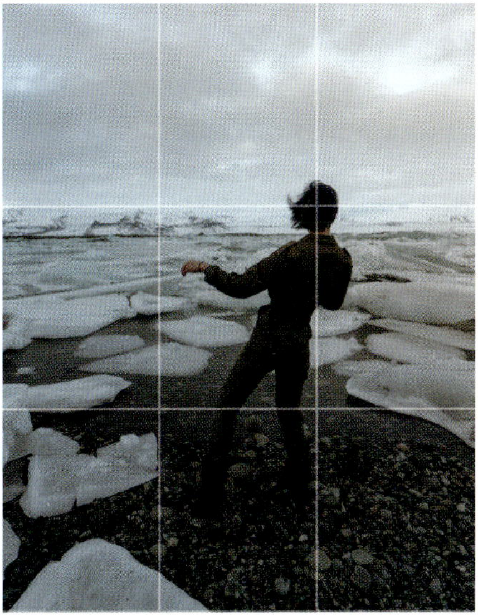

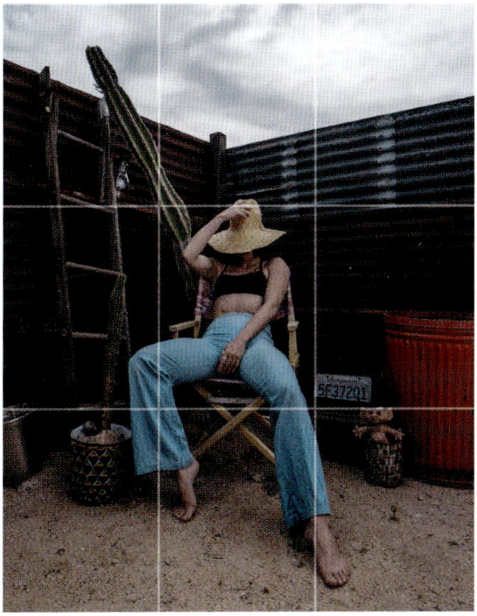

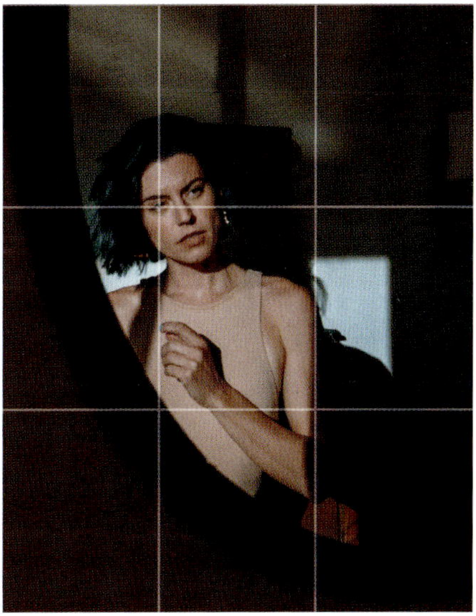

Diese Bilder mögen chaotisch erscheinen, aber Sie werden feststellen, dass unsichtbare Regeln befolgt werden, um Harmonie zu erreichen. Ein Beispiel ist die äußerst hilfreiche Drittelregel. Wenn wir darauf achten, das Motiv in der Mitte des Rahmens oder am Schnittpunkt der Linien zu platzieren, die das Bild horizontal und vertikal in drei Teile teilen, entsteht sofort eine gewisse Ordnung.

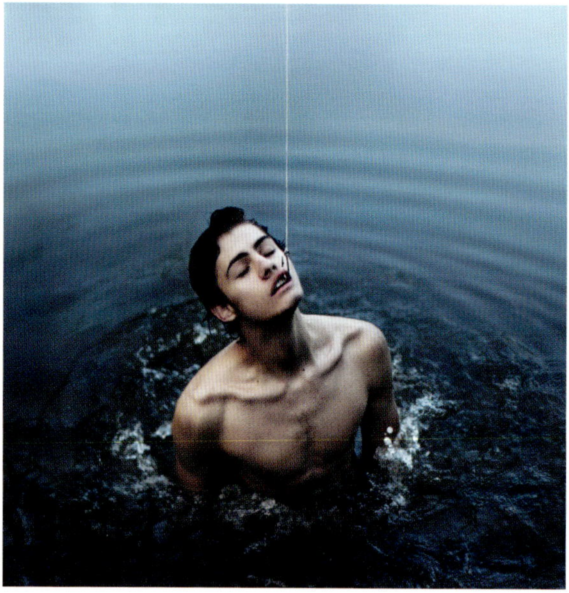

Brian Oldham
Mit nur drei Elementen – Wasser, Hauptmotiv und Angelschnur – wird dieses verblüffend einfache, minimalistische Bild makellos ausgeführt. Der Verstand kann die Details schnell erfassen und die Geschichte, die erzählt wird, verstehen.
@brianoldham

Drei Elemente

Obwohl ich dieses Konzept durch reines Üben für mich selbst entwickelt habe, ist es nicht besonders originell. Das Ziel ist es, maximal drei Hauptelemente in einem Bild zu haben, um das Durcheinander gering zu halten und Ihnen die beste Chance zu geben, dass alle Elemente im Fokus sind. Ihre drei Elemente könnten zum Beispiel aus dem Hauptmotiv, einem Kuhschädel und einem markanten blauen Himmel bestehen. Oder ein Paar, der Himmel und der Boden. Oder ein unordentliches Bett, das Hauptmotiv und leere Wände.

Auf diese Weise entsteht ein minimales Foto mit einem Hauch von Professionalität. So kann ein Fotograf qualifiziert wirken, auch wenn er gerade erst anfängt.

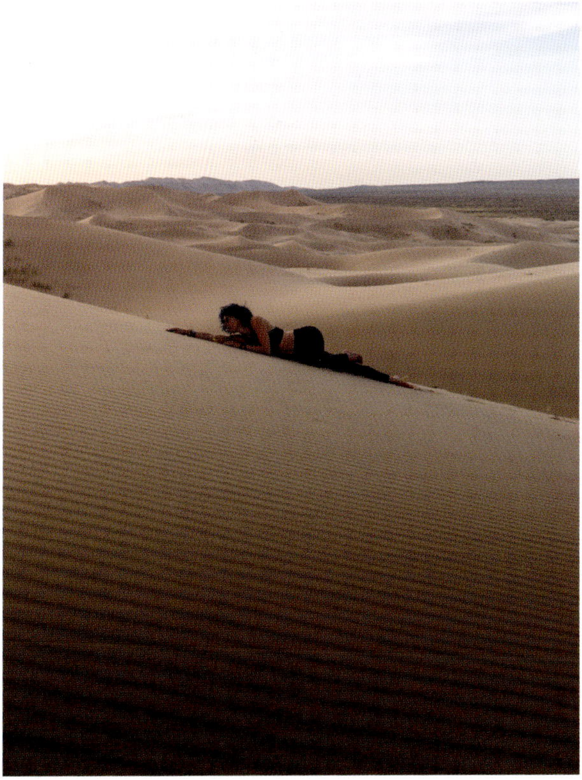

Der Maßstab unterstreicht die Tatsache, dass es im Leben viel mehr gibt, als man auf den ersten Blick sieht. Mein Körper ist im Bild relativ klein, während der Sand im Hintergrund kilometerlang weiterzieht, mich in den Schatten stellt und die Weite der Wüste betont.

Maßstab

Der Maßstab liefert dem Betrachter eine Vorstellung davon, wie alles dimensioniert ist. Es ist ein lustiges Konzept, mit dem man herumspielen kann, denn es kann Ihre Geschichte vermitteln. Sie können den Maßstab in der Fotografie manipulieren, indem Sie die Größe des Hauptmotivs vergrößern oder verkleinern (indem Sie es näher an die Linse heran oder weiter von ihr weg bewegen) oder indem Sie aus ungewöhnlichen Winkeln fotografieren. Wenn Sie im Freien fotografieren und die atemberaubende, endlose Landschaft um Sie herum darstellen möchten, treten Sie von der Kamera zurück und halten Sie sich selbst im Bild relativ zum Hintergrund klein fest.

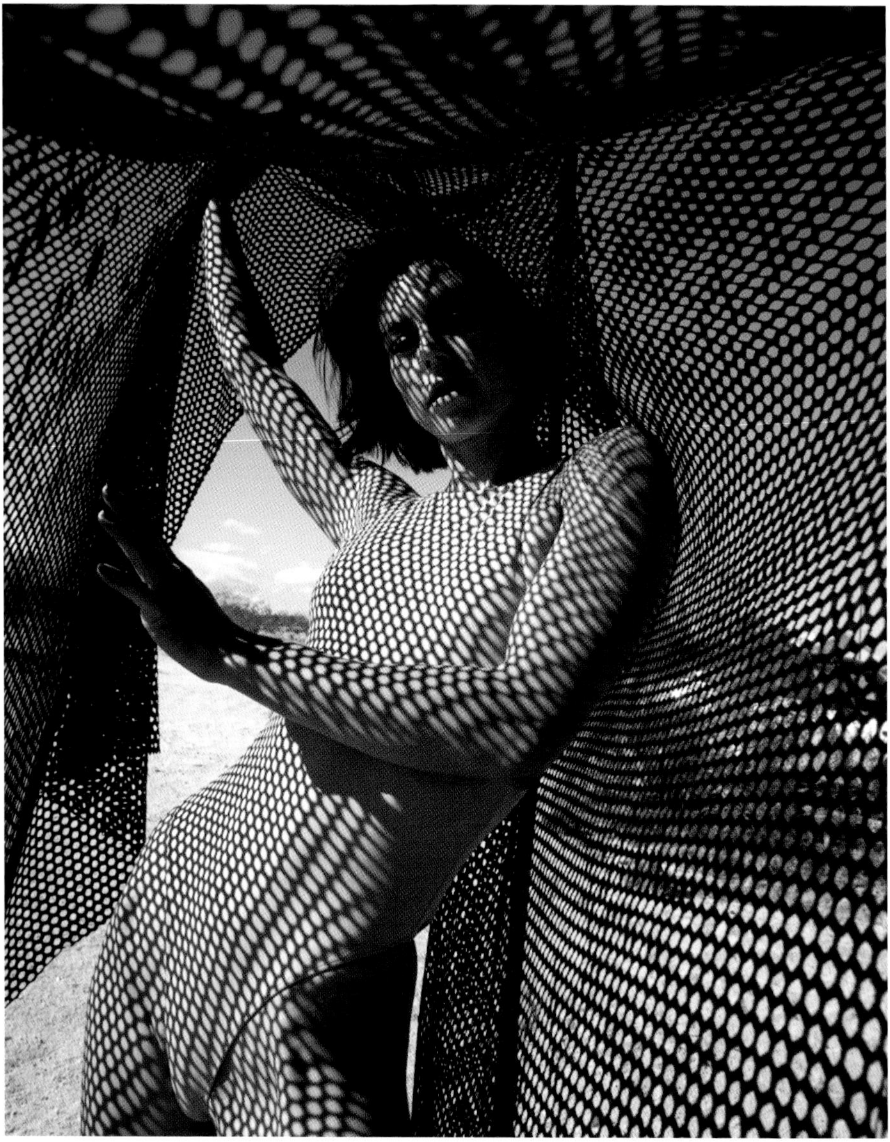

Mitten am Tag zu fotografieren kann wegen der harten Schatten schwierig sein. Doch Sie können das zu Ihrem Vorteil nutzen, wie ich es hier getan habe. Später habe ich das Bild in monochrom verwandelt, um Ablenkungen für den Betrachter zu begrenzen und die schönen Muster hervorzuheben.

Monochrom oder Farbe

Schwarzweißfotografie (monochrom) ist etwas, das man entweder liebt oder von dem man sich fernhält. Aber wenn es richtig gemacht wird, können die Bilder atemberaubend sein. Ich verwende die Schwarzweißfotografie am liebsten bei Porträts.

Aber glauben Sie nicht, dass es einfacher ist als Farbe. Tatsächlich ist es viel schwieriger. Beim Fotografieren in Farbe können Sie viele technische Fehler vertuschen, aber bei der monochromen Fotografie stehen Tonwert, Form, Struktur, Form und Lichtqualität im Vordergrund, sodass Sie sich stärker auf Ihre Komposition konzentrieren müssen.

Wenn Sie schwarzweiß fotografieren möchten, können Sie bei einigen Kameras in den Schwarzweiß-Modus umschalten, und das Display zeigt Ihre Bilder bereits in Schwarzweiß an. Solange Sie eine RAW-Datei aufnehmen, sollten Sie sowohl eine Farb- als auch eine Schwarzweißdatei erhalten. So können Sie Ihrem Bild während der Bearbeitung Farbe hinzuzufügen.

Wenn Sie ein monochromes Bild bearbeiten, machen Sie es schlagkräftiger, indem Sie die Schwarztöne verstärken und die Grautöne verringern. Spielen Sie auch mit dem Kontrast; der Kontrast zwischen Schwarz und Weiß wird Ihr Bild interessanter machen. Doch Vorsicht vor Extremen. Sie suchen immer noch einen natürlichen Ansatz, auch wenn das Bild schließlich in Schwarzweiß präsentiert wird.

Vermeiden Sie besser, das Bild schwarz-weiß zu halten und nur eine Farbe im Bild zu belassen. Ich habe das schon bei Regenschirmen, Kleidern oder Schuhen gesehen. Für das Auge eines Anfängers sieht das normalerweise sehr ansprechend aus, aber um es wirklich gut hinzubekommen, muss man Profi sein.

Die Kameraeinstellungen

Wenn Sie mit einer DSLR-Kamera fotografieren und es gewohnt sind, sie im Automatik-Modus zu belassen, ist es an der Zeit, Ihre Ausrüstung besser kennenzulernen und mit verschiedenen Einstellungen zu experimentieren. Mit ein wenig Übung mit Verschlusszeit, Blende und ISO-Wert werden Sie feststellen, dass es nicht so schwierig ist, und Sie werden neue und aufregende kreative Ergebnisse erzielen. Verändern Sie jede Variable langsam, bis Sie Ihr gewünschtes Ergebnis erhalten. Lassen Sie die ISO-Einstellungen gleich. Ein Teil des Bildes sollte aber bitte im Fokus sein. Wenn das gesamte Bild unscharf ist, ist es zwar nett, doch es ist viel schwieriger und beeindruckender, wenn ein Teil des Bildes unscharf und ein Teil scharf ist.

Verschlusszeit

Der Verschluss Ihrer Kamera bleibt eine bestimmte Zeit geöffnet, um Licht in den Sensor zu lassen und ein Bild zu erzeugen. Die Verschlusszeit hat einen erheblichen Einfluss auf die Belichtung – wie hell oder dunkel Ihr Bild ist – sowie auf seine Schärfe, um Bewegung in Ihren Fotos zu erzeugen. Sie müssen danach etwas mit der Blende und der ISO-Einstellung experimentieren, aber die erste Einstellung, die es zu erforschen gilt, ist die Verschlusszeit.

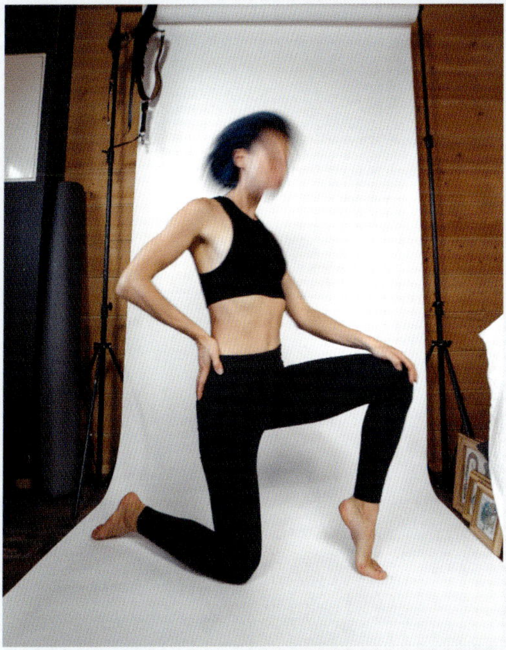

Lange Verschlusszeit
Eine lange Verschlusszeit gibt Ihren Fotos Bewegung. Stellen Sie als Ausgangspunkt tagsüber Ihre Verschlusszeit auf 1/30, ISO auf 100 und die Blende auf etwa 10 bis 16 (je nachdem, wie hart das Licht ist). So erhalten Sie eine gute Vorstellung davon, wie sich diese längere Verschlusszeit auf Ihr Tagesfoto auswirkt, und Sie können von dort aus weiter optimieren. Dasselbe gilt für Nachtaufnahmen. Versuchen Sie mit einem Stativ eine Verschlusszeit von 5 Sekunden bei einem ISO-Wert von 800 und einer Blende von etwa 5 einzustellen.

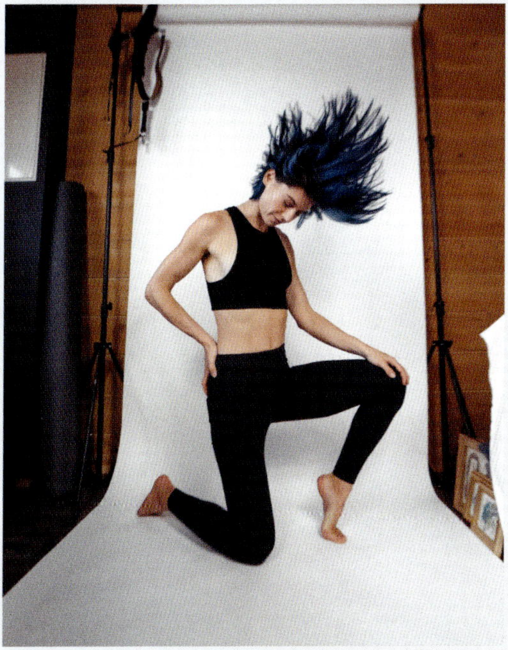

Kurze Verschlusszeit
Auf diese Weise können Sie Bewegungen einfrieren, z. B. Regentropfen, die auf Ihr Gesicht fallen, oder Wasser, das aus einem Wasserhahn kommt, und es wird Sie einfangen, als würden Sie mitten in der Bewegung innehalten. Einen schnellen Moment in der Zeit einzufangen ist etwas, was unser Auge nicht kann, und das kann beim Betrachter durchaus für Bewunderung sorgen.

Blende

Ähnlich wie die Verschlusszeit steuert die Blende die Lichtmenge, die in den Sensor eintritt, und bestimmt die Schärfentiefe des Bildes. Die Größe der Blende Ihrer Kamera wird in Blendenstufen gemessen. Wenn Sie die Blende Ihrer Kamera größer oder kleiner machen, bestimmen Sie, wie unscharf der Hintergrund Ihres Bildes wird. Je kleiner die Blende, desto größer die Öffnung und desto unschärfer der Hintergrund. Wenn sich Ihr Motiv weit vom Hintergrund entfernt oder näher am Objektiv befindet, wird der Hintergrund ebenfalls unschärfer. Traditionell werden in der Porträtfotografie sehr unscharfe Hintergründe verwendet, um das Motiv hervorzuheben. Mit einer niedrigeren Blende ist es jedoch noch wichtiger, dass Sie sich die Zeit nehmen, um sicherzustellen, dass der gewünschte Fokusbereich oder das Motiv scharf abgebildet ist. Wenn Sie sich in einem Bild mit niedriger Blende nur leicht vor- oder zurückbewegen, kann es passieren, dass Ihre Nase scharf, Ihre Augen aber leicht unscharf sind. Stellen Sie im Zweifelsfall immer sicher, dass die Augen Ihres Motivs der schärfste Punkt im Bild sind – es sei denn, Sie wollen etwas anderes hervorheben, z. B. einen Gegenstand in einer Hand.

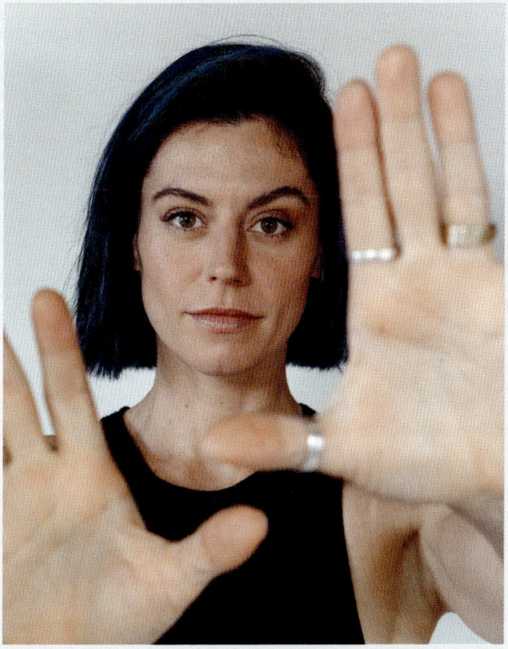

Kleine Blende
Wählen Sie eine kleine Blende mit einer hohen Blendenzahl, z. B. f/8, f/11 oder f/16, um ein Bild mit großer Schärfentiefe zu erzeugen, in dem viele Elemente im Fokus sind. Je nach den Lichtverhältnissen in Ihrer Umgebung benötigen Sie möglicherweise eine längere Verschlusszeit oder einen höheren ISO-Wert, um ein normal belichtetes Bild zu erhalten.

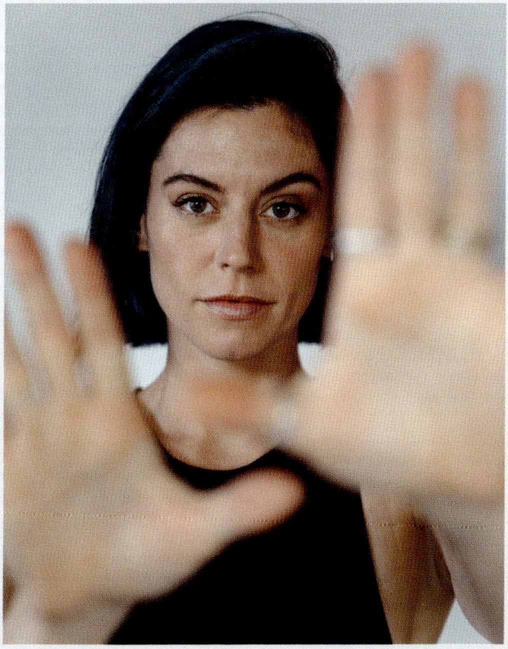

Große Blende
Eine große Blende mit einer niedrigen Blendenzahl wie f/1.4, f/2 oder f/2.8 sorgt für ein Bild mit geringer, also flacher Schärfentiefe. Es stehen weniger Elemente im Fokus, sodass Sie Hintergründe verschwimmen lassen und Ihr Motiv isolieren können. Sie werden mehr Licht auf Ihren Sensor lassen, sodass Sie möglicherweise die Verschlusszeit verkürzen oder die ISO-Empfindlichkeit verringern müssen, um ein normal belichtetes Foto zu erhalten.

ISO

Der dritte Teil des »Belichtungsdreiecks«, ISO, hilft bei der Aufhellung des Bildes, wenn Sie die Möglichkeiten von Verschlusszeit und Blende ausgeschöpft haben. Dies ist die letzte der Einstellungen, die beim manuellen Einrichten Ihrer Aufnahme geändert werden sollten. ISO ist mein bester Freund, wenn die Umgebung ein wenig zu dunkel ist. Ich halte meine Blende niedrig und lasse dadurch mehr Licht in die Kamera (etwa 1,4, was eine große Unschärfe des Hintergrunds ergibt). Ich drehe auch meine ISO-Einstellung auf etwa 800 hoch und kann die Blende niedrig halten, um ein schönes, zartes, kunstvolles Gefühl zu erzeugen. Wenn alles in einem Bild scharf ist, sieht es sehr oft extrem amateurhaft aus. Im Zweifelsfall sollte die Blende so niedrig wie möglich gehalten werden, ohne dass die ISO-Empfindlichkeit über 800 liegt (oberhalb dieses Wertes beginnen die meisten Kameras sehr körnige Bilder zu erzeugen).

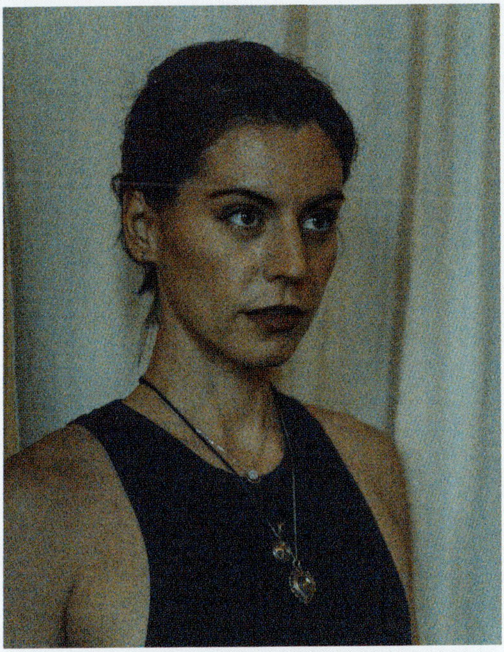

Hoher ISO
Hohe ISO-Werte wie 1600, 3200 oder 6400 erhöhen die Lichtempfindlichkeit und sorgen für hellere Bilder, gleichzeitig jedoch auch für starke Filmkörnung.

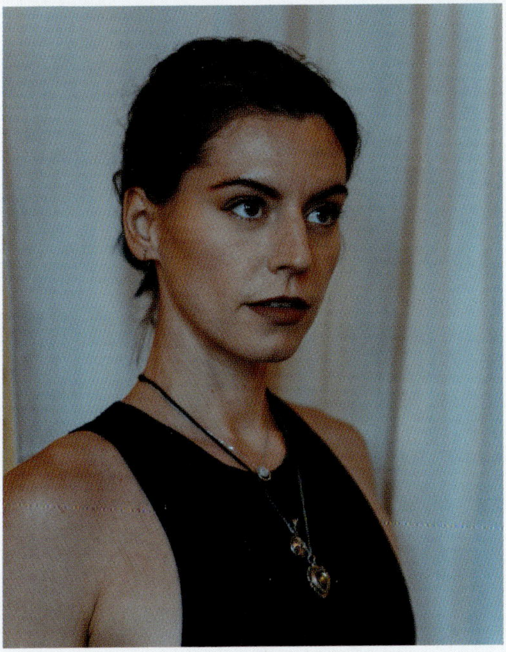

Niedriger ISO
Mit einem geringeren ISO-Wert von 110, 200 oder 400 wird die Empfindlichkeit reduziert und die Bilder werden dunkler, jedoch auch schärfer und weniger körnig. Wenn Schärfe absolute Priorität hat, stellen Sie den ISO-Wert auf 100 und experimentieren Sie mit langer Verschlusszeit und etwas größerer Blende.

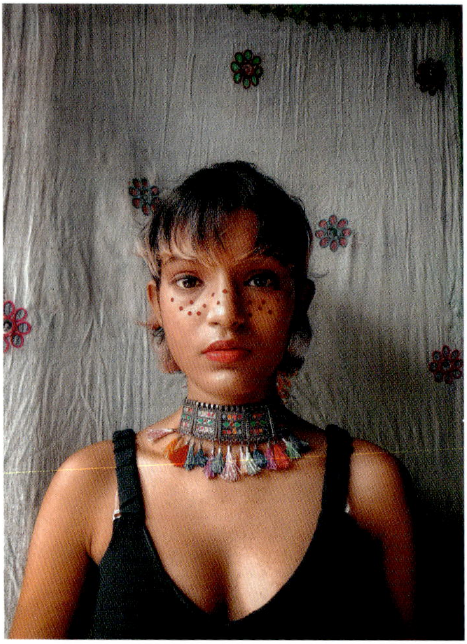

Riya Jude
Jude postet mit dem Hashtag #portraitswithmadness, und ihre Bilder sind einfach gestellt, auffallend beleuchtet und fantasievoll gestylt. In diesem Bild hat sie Bindis im Stil von Sommersprossen angebracht. In Verbindung mit ihrem Ausdruck von Verletzlichkeit könnte das Bild als Kommentar zur hinduistischen Kultur und dem Platz der Frau in ihr verstanden werden.
@born.madness

Gegenüber.
Olaia Macías
Hier setzt Macías das Licht sparsam ein, um die Aufmerksamkeit auf ihr Hauptthema zu lenken, während der Hintergrund sanft abfällt. Zu beiden Seiten betonen große Flächen von Dunkelheit die Dramatik der zentralen Figur.
@huertaderegletas

Alles in den Details

Bei jeder Fotografie steckt der Teufel im Detail. Wenn Sie in einem Bild eine Geschichte oder Emotion schaffen wollen, ist es wichtig, dass alle Details und Requisiten stimmig sind. Ansonsten wird etwas an dem Bild nicht passen.

Wollen Sie zum Beispiel so aussehen, als ob Sie rauchen? Vergewissern Sie sich, dass die Zigarette angezündet ist. Tun Sie so, als würden Sie ein Bad nehmen? Achten Sie darauf, dass die Badewanne seitlich abgebildet ist, sonst sieht man, dass es kein Wasser gibt (oder Sie könnten letztlich tatsächlich ein Bad nehmen – ich meine, warum gönnen Sie sich nicht ein wenig Luxus?). Dies gilt auch für Emotionen. Es ist einfacher, sie wirklich zu fühlen, als zu versuchen, sie vorzutäuschen.

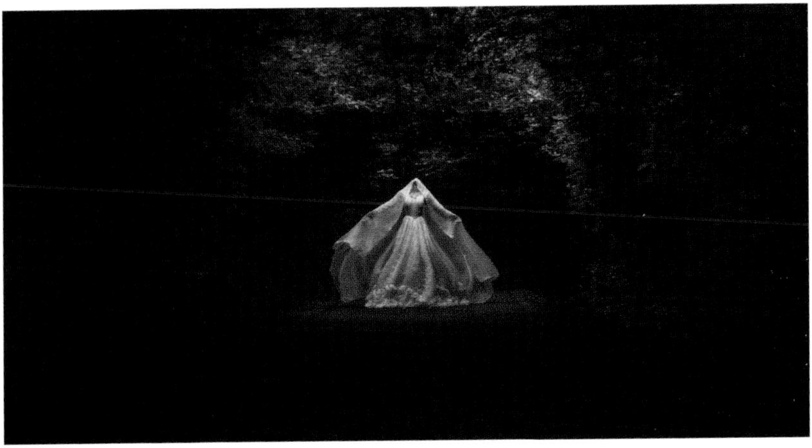

Jagd nach dem Licht

Licht ist eines der wichtigsten Werkzeuge für den Fotografen, aber es spielt nicht immer nach Ihren Regeln. Licht kann ein und dasselbe Bild, das zu zwei verschiedenen Tageszeiten aufgenommen wurde, völlig umkehren und dem Betrachter völlig unterschiedliche Emotionen vermitteln. Die Stärke, der Ton, die Farbe und die Bewegung des Lichts haben alle einen tiefgreifenden Einfluss auf die Fotografie.

Der Umgang mit Licht kann schwierig sein, aber es kommt auf die Übung an. Wenn Sie in Innenräumen fotografieren, experimentieren Sie mit natürlichem Licht, das durch ein Fenster einfällt, um Ihr Gesicht zu beleuchten. Verwenden Sie Lampen oder Kerzen, um eine einzelne Lichtquelle hinzuzufügen, oder Stoff oder einen dünnen Streifen aus weißem Material über einer starken direkten Lichtquelle (z. B. einer Lampe), um das Licht zu streuen. Im Freien, versuchen Sie, Bilder bei Sonnenauf- und Sonnenuntergang aufzunehmen, wenn das Licht diffus und farbig ist; für die meisten Menschen ist das Fotografieren am Mittag nicht sehr schmeichelhaft, es sei denn, Sie wissen genau, was Sie tun (vermeiden Sie dunkle, seltsame Schatten im Gesicht oder verwenden Sie Schatten, um Körperteile zu betonen, anstatt Unvollkommenheiten hervorzuheben).

Storytelling

Wie gesagt, vielleicht hassen Sie es zunächst, sich selbst zu porträtieren. Wenn Sie sich jedoch einmal in den Prozess verliebt haben oder es Ihnen leicht fällt, sollten Sie versuchen, mit dem Storytelling zu experimentieren – das macht aus Ihren Fotos mehr als nur schöne Bilder.

Fragen Sie sich: Was ist Ihr Thema? Welche Ereignisse haben bis zu diesem Punkt geführt? Welche unterschwelligen Botschaften oder Gegenstände können in der Komposition wie Hinweise angelegt werden, die eine Geschichte erzählen? Welche Art von Outfit, Perücke, Make-up oder Requisiten können Sie verwenden, um diese Geschichte besser zu erzählen?

Sobald Sie in der Lage sind, eine komplexe Geschichte mit einem einzigen Bild zu erzählen, sind Sie im Reich der wahren Künstler angekommen. Man sagt, ein Bild sagt mehr als tausend Worte – aber es liegt an Ihnen, das zu erreichen. Ein einfaches Selfie wird es nie als Kunst an die Wände eines Museums oder einer Galerie schaffen, aber ein wahres Kunstwerk, das eine komplette Geschichte erzählt, schon.

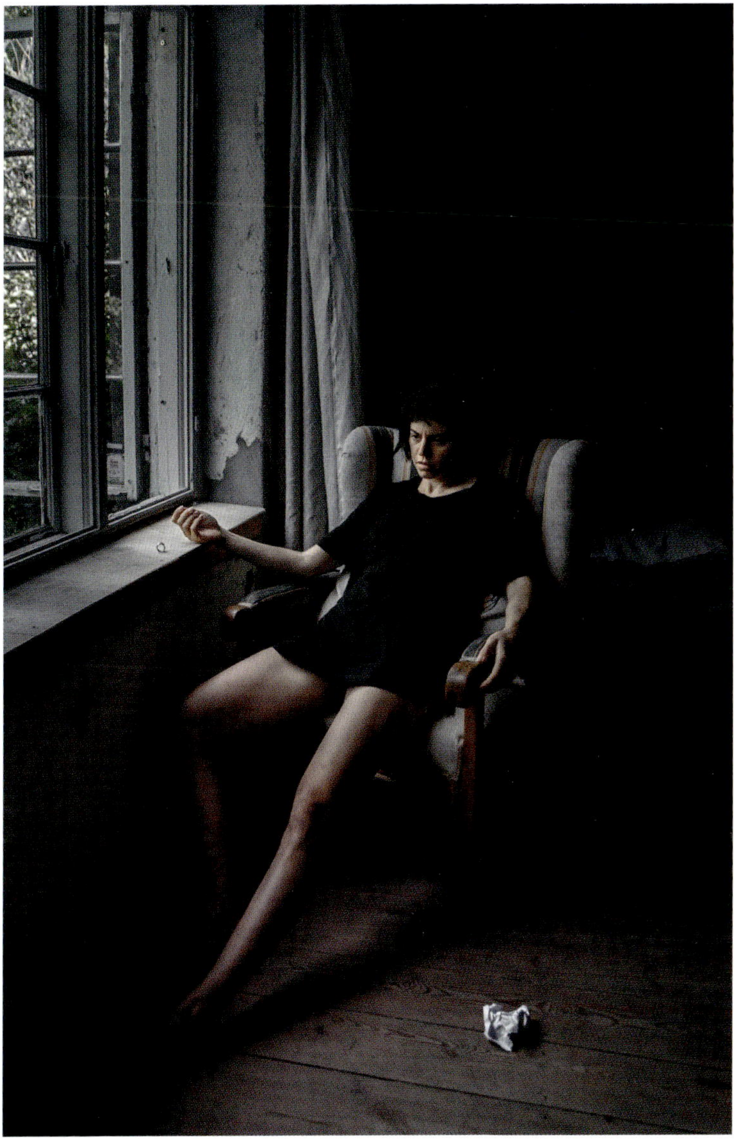

Ich habe dieses Bild zu einer wirklich schmerzlichen Zeit in meinem Leben aufgenommen, in der ich mich auf Herzschmerz und die Komplexität der Liebe konzentrierte. Ich wollte es für viele, nicht nur für meine Situation, verwendbar machen, also führte ich Requisiten ein – den Ring und das zerknüllte Papier –, um die Geschichte offener zu erzählen.

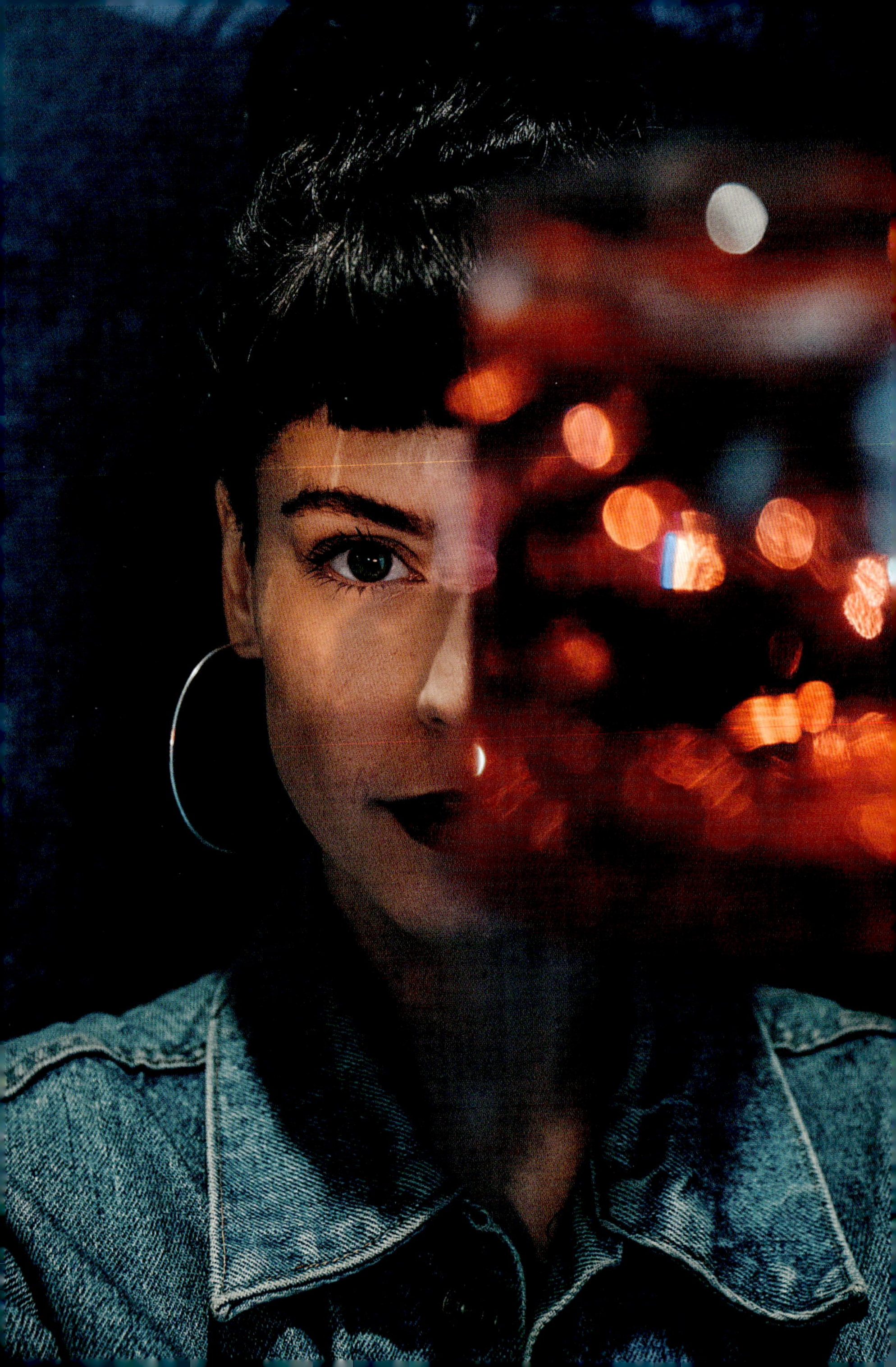

Kreativ werden

Werden Sie kreativ

Schließlich ist es an der Zeit, sich mit einigen der Elemente des Advanced Selfie zu befassen, mit denen Sie Ihren Bildern noch mehr Niveau geben. Dies führt zu mehr Beachtung in sozialen Medien und steigert die Begeisterung des Betrachters.

Kleidung als Kunst

Kunst durch Selbstporträts zu schaffen, ist nicht einfach, wenn man sich schlicht in Jeans und T-Shirt kleidet. Wenn Sie Alltagskleidung tragen, sehen Ihre Fotos am Ende eher nach Lifestyle als nach High Fashion oder Kunst aus. Das muss nicht unbedingt der Fall sein, aber bei Anfängern ist es fast immer das Ergebnis.

Eine einfache Lösung sind Kleidungsstücke in Blöcken aus natürlichen Farbtönen. Am einfachsten sind Schwarz, Beige, Weiß, Khaki und Hauttöne. Für mich als Minimalistin, die ohne einen riesigen Koffer reist, ist es oft nicht möglich, das »richtige« Outfit dabei zu haben, daher funktionieren einfache, klassische Stücke im Allgemeinen am besten.

Und schließlich, wenn Sie sich wohlfühlen, ist das Ausziehen aller Kleidungsstücke – echte Nacktheit (auch teilweise) – sehr oft eine einfache Möglichkeit, Ihre Bilder in den Bereich der Kunst zu heben. Sie brauchen keinen besonderen Körper, um Akte von sich aufzunehmen. Arbeiten Sie mit dem, was Sie haben. Studieren Sie Ihren Körper im Spiegel, um zu sehen, welche Winkel für Sie am schmeichelhaftesten sind. Versuchen Sie, mit seltsamen Winkeln zu experimentieren, die zum Beispiel eine Geschichte von Traurigkeit oder Anmut erzählen, und sehen Sie, wie Sie sich fühlen, wenn Sie Ihren nackten Körper so posieren. Wenn Sie damit zufrieden sind, können Sie diese Pose in Ihre Bilder einbauen.

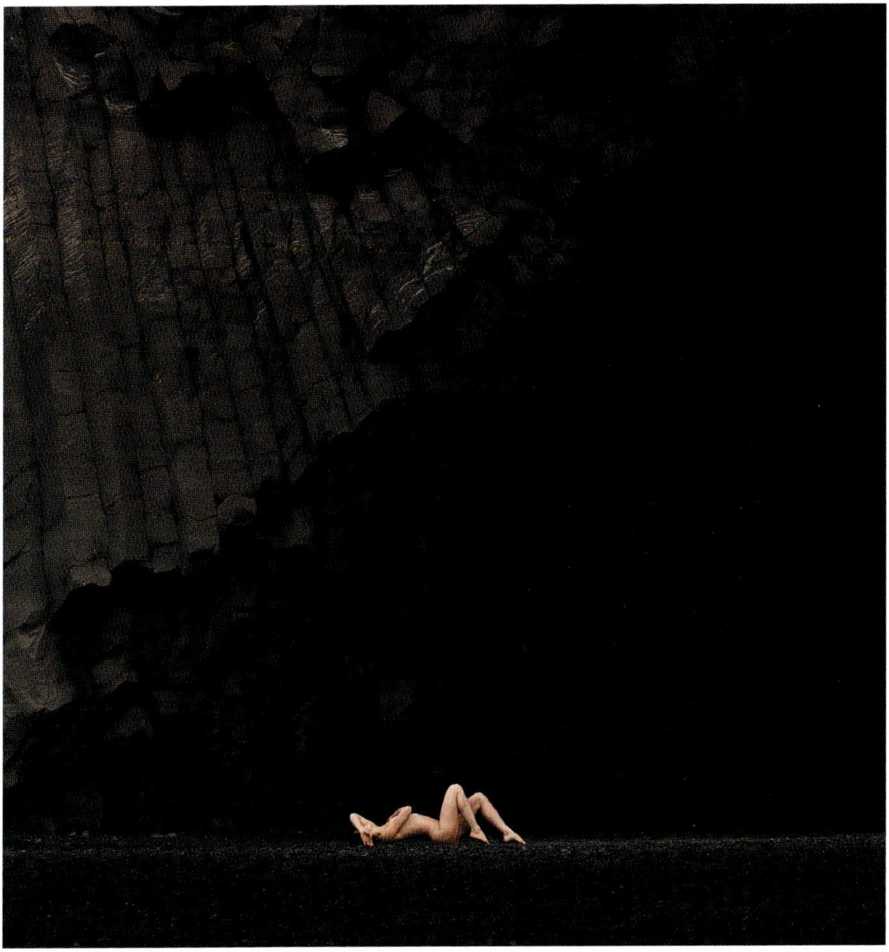

Ich habe die »Nude vs. Nature«-Advanced Selfies geschaffen, weil ich das Gefühl hatte, an diesen atemberaubenden natürlichen Orten würde Kleidung ablenken. Hier bin ich am Strand von Reynisfjara im Süden Islands, unter den perfekt geformten Basaltsäulen, wobei die Kurven meines Körpers einen Kontrast zu den starren Linien der Natur bilden.

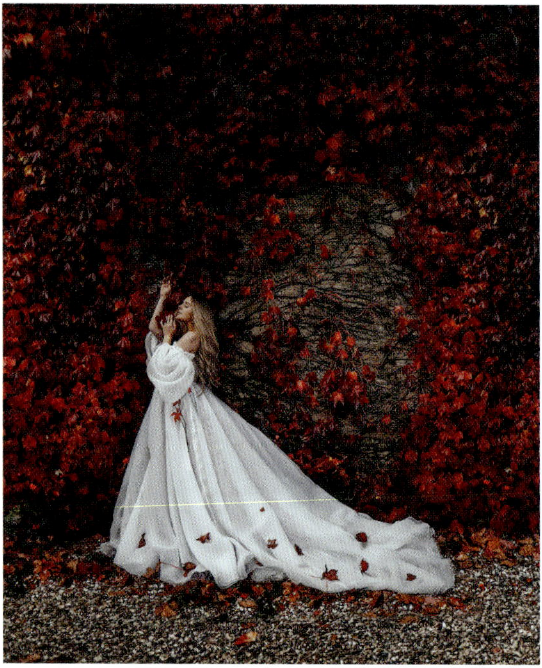

Rosie Hardy
Das Ausleben luxuriöser Kindheitsträume ist Teil des kreativen Ausdrucks, und dafür kann Kleidung verwendet werden. Hier trägt Hardy ein weißes Kleid, das sich vor dem Hintergrund des roten Laubwerks abhebt. Die Art und Weise, wie die Blätter in das Kleid hineinragen und wie Hardy mit ihnen spielt, schafft eine Erzählung, die wir mit Märchen und Fantasy in Verbindung bringen. Entfliehen Sie dem Alltag und schaffen Sie eine künstlerische Flucht ohne Einschränkungen.
@georgiarosehardy

Gestylt wie ...

Ganz gleich, ob Sie noch nie viel mit Kleidung experimentiert oder aber eine riesige Garderobe haben, es ist an der Zeit, Sie auf ein höheres Niveau zu heben, Ihre Kunst zu verbessern. Experimentieren Sie mit zusätzlichen Schichten, übertriebenem Schmuck oder Kopfbedeckungen, und alles andere, was Ihnen einfällt, wird Ihr Interesse wecken. Als allgemeine Regel gilt: Wenn es nicht wie etwas aussieht, das man auf der Straße trägt, wächst das Interesse an Ihrem Bild.

Auf High-Fashion-Shows sehen Sie Models, die extravagante, surreale Kleidungskunstwerke von Designern tragen, um Aufmerksamkeit zu erregen und ihre neue Designsprache zu zeigen. Doch nur ein Bruchteil dessen, was auf dem Laufsteg zu sehen ist, gelangt in die Geschäfte. Sie wollen keinen Look von der Stange – Sie

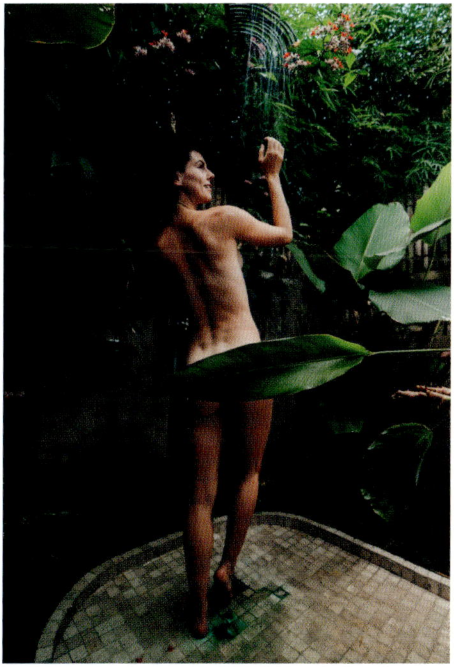

Die Kleidung kann ein Verfallsdatum für das Bild sein. Minimale oder gar keine Kleidung hilft Ihnen, Ihr Foto zeitlos zu machen, sodass zukünftige Generationen es eher als Kunst denn als Dokumentation des aktuellen Geschehens betrachten können. Hier habe ich ein hinterhältiges kleines Adam-und-Eva-Blatt benutzt, um meinen Intimbereich zu verdecken und so ein visuelles Wunderland zu schaffen.

wollen Aufmerksamkeit erregen. Kanalisieren Sie Ihren inneren Modedesigner und kreieren Sie ein Outfit, das den Laufstegen von Paris, Tokio oder Mailand würdig ist.

Wenn Sie sich extravagant kleiden, ist es wichtig, Ihren Hintergrund auf ein Minimum zu beschränken. Aufwendige Outfits wirken besser vor Kulissen wie ausgedörrte Wüsten, schneebedeckte Ebenen, Industriestudios oder unscheinbare Backsteinmauern. Stellen Sie sich selbst in den Mittelpunkt, nicht die Kulisse.

Leger wie …

Kann weniger ein Bild auch interessanter machen? Auf jeden Fall. Schauen wir uns minimale Bekleidungsmöglichkeiten an, die in der Regel nicht alltagstauglich sind, aber perfekt dazu geeignet, sich in der Kunst auszudrücken. Man muss nicht losgehen und etwas Neues kaufen, um ein unvergessliches Outfit zu kreieren. Manchmal kann man Kunst erreichen, indem man nichts weiter tut, als sich in einen Vorhang zu hüllen. Wie immer ist die Fantasie der Schlüssel.

- Hüllen Sie sich nur in eine Federboa. Das funktioniert.

- Nackt im Laken, nur mit einem Handtuch um den Kopf? Perfekte Szene.

- Nur in einen Duschvorhang gewickelt oder in tiefen, dunklen Schatten verborgen? Brillant.

- Eine Aufnahme im Dschungel, wo der Intimbereich von Blättern verdeckt ist? Atemberaubend.

- Decken, Stoffe, Laken oder Schals als provisorische Röcke oder Umhänge? Perfektion!

Die weiche Sonne auf der Haut

Das zarte Licht des Sonnenauf- oder Sonnenuntergangs kann für die Porträtfotografie reines Gold sein. Der sanfte Schein, den es auf die Haut wirft, betont den Teint, spiegelt sich schön in den Augen wider und kann Tiefe, Fantasie und Verträumtheit suggerieren. Es wirft keine harten Schatten, und Sie haben den Vorteil von atemberaubenden natürlichen Farben, die auf

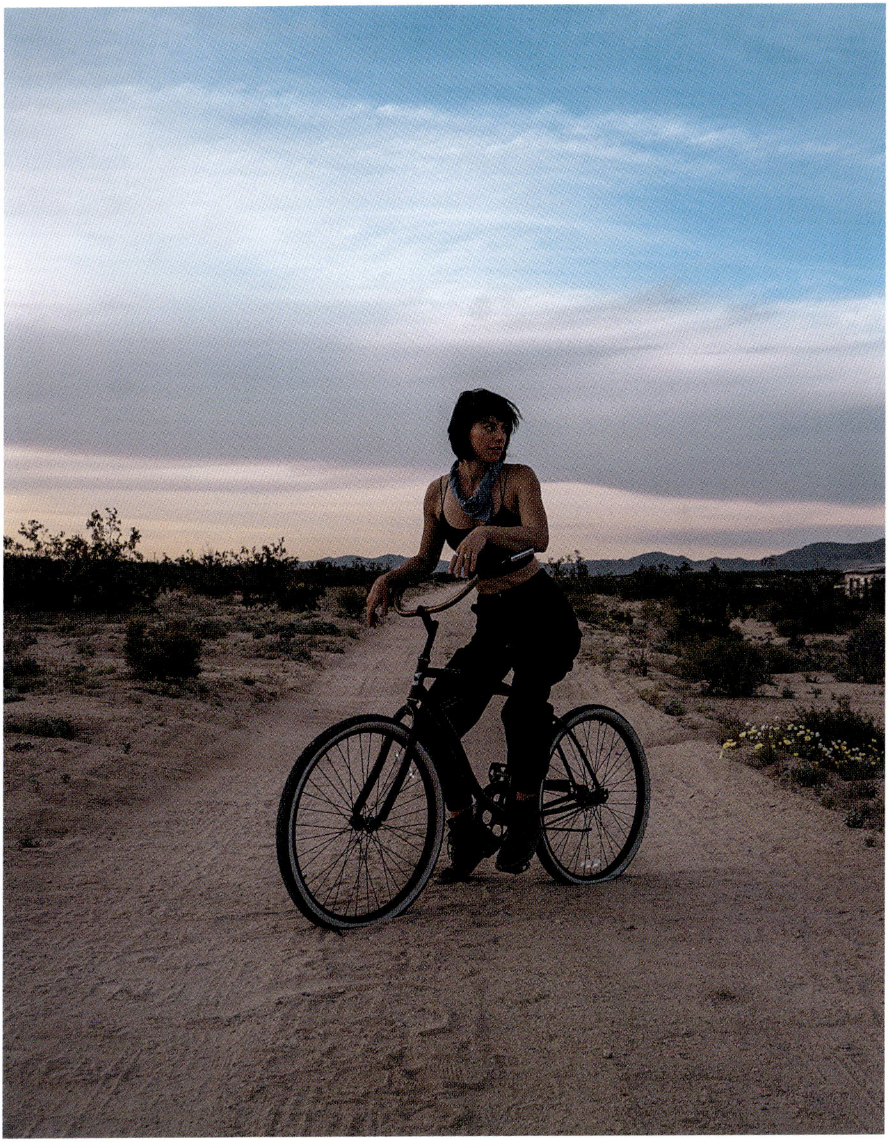

Weiches Licht bei Sonnenauf- bzw. -untergang ist eine sichere Sache. Das Licht vermeidet harte Schatten, die häufig der Feind der Schönheit sind. Außerdem generiert es feine Farbabstufungen für eine harmonische Farbpalette im Bild.

Berge, Bäume und jede andere Landschaft im Hintergrund gemalt werden. Für den Anfänger ist es ein zuverlässiger Verbündeter, der Ihre Bilder mühelos schön aussehen lässt, und das gibt Ihnen das Selbstvertrauen, Ihre Selbstporträtkunst weiterzuverfolgen.

Dramatik ist alles

Bereit, noch ein paar Regeln zu brechen? Abgesehen davon scheuen viel zu viele Landschaftsfotografen jede Tageszeit außer Sonnenaufgang oder Sonnenuntergang, einfach weil das Licht zu hart ist. Wenn Sie jedoch ein paar außergewöhnliche Elemente der Fotografie beherrschen, können Sie Ihren Bildern eine besondere Note verleihen. Die harte Mittagssonne kann ein Bild verstärken, indem sie einen starken Kontrast zwischen Licht und tiefem Schatten erzeugt und ein Maß an Verrücktheit und Geheimnis bietet, das in der weichen Morgen- oder Abendsonne nicht möglich ist.

Das Spiel mit diesen harten Schatten kann äußerst lohnend sein. Stellen Sie sich hinter Blätter oder Äste, die in der Nahaufnahme Schatten werfen. Oder suchen Sie Objekte mit markanten Schattenwürfen, und lassen Sie sie durch Ihr Gesicht schneiden, um Spannung in Ihrem Bild zu erzeugen. Wenden Sie das Gesicht von der Kamera ab und fügen Sie Wassertropfen auf Ihrem Rücken hinzu, um Schweiß zu imitieren und den Eindruck von Müdigkeit oder Hitze zu erwecken. Stellen Sie sich unter ein Stück Stoff mit vielen Löchern, sodass es interessante Formen und Schatten auf Ihren Körper wirft. Oder setzen Sie sich unter ein Palmenblatt, sodass sein Schatten Ihren Körper mit Linienmustern bemalt.

Sie können auch den Kopf nach oben neigen, die Augen schließen, eine Hand zur Sonne heben (ohne Schatten auf Ihr Gesicht zu werfen) und so tun, als wollten Sie sie von Ihren Augen fernhalten. Auch dies ist eine meiner Lieblingsposen.

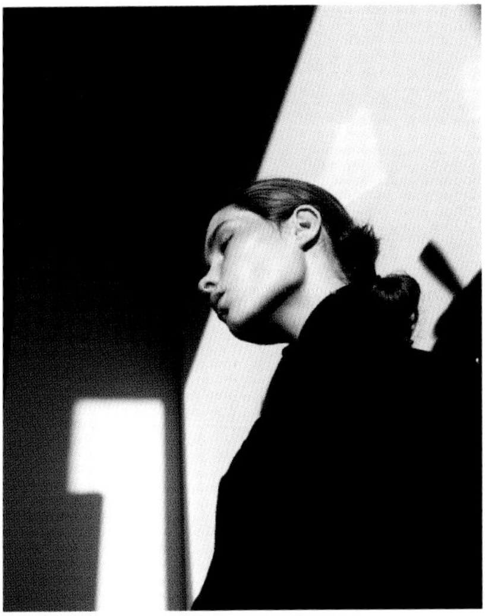

Niela Lis
Zum einen ist das Licht brutal, zum anderen das Foto schwarzweiß, was die Dramatik unterstreicht. Lis beleuchtet die Seite ihres Gesichts und erzeugt einen Schatten entlang der Kieferlinie, um die Konturen zu zeigen. Der Trick funktioniert gut für alle Geschlechter.
@niela.lis

Ein wichtiger Hinweis, wenn Sie lernen, mit Schatten zu spielen: Heben Sie Ihr Gesicht zunächst hoch zur Sonne, egal in welcher Pose Sie sich befinden (es sei denn, Ihr Gesicht soll verdeckt werden). Wenn Sie das nicht tun, werden Sie harte Schatten auf Ihrem Gesicht bekommen. Wenn Sie sich bei der Arbeit mit hartem Licht wohler fühlen, können Sie beginnen, die Schatten auf Ihrem Gesicht zu genießen.

Haltung ist alles

Lächelnde Selfies mögen niedlich erscheinen, aber fragen Sie sich, wie oft Sie schon ein breites Lächeln in einem Exemplar der *Vogue* oder einem Renaissance-Gemälde gesehen haben. Nicht oft. Sicher, es ist schade, dass das menschliche Lächeln in der Kunst nicht mehr gefeiert wird, aber die Gesellschaft hat es offenbar für Familienfotos und Gruppen-Selfies reserviert.

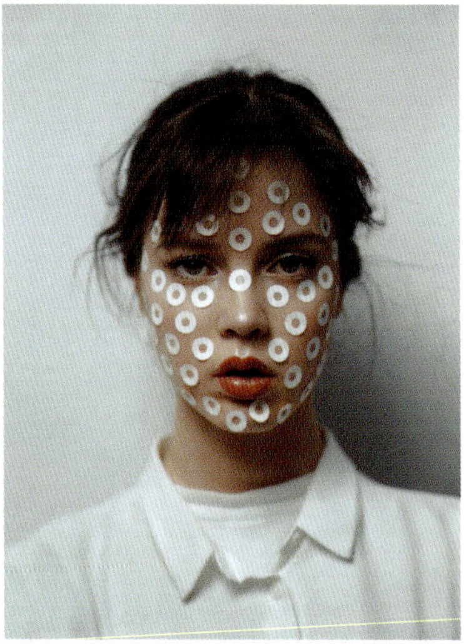

Nassia Stouraiti
Erstaunlicherweise lenken die weißen Formen im Gesicht von Stouraiti in dieser Aufnahme nicht von ihrer Haltung ab. Vielmehr ziehen sie den Betrachter tiefer in ihre Augen, was hier ein wesentlicher Teil ihres nonchalanten Ausdrucks ist.
@nassias_

Wenn Sie in die Welt der hohen Kunst einsteigen wollen (und natürlich wollen Sie das), müssen Sie sich von der High-Fashion-Fotografie inspirieren lassen. Und dabei ist Haltung alles. Nonchalant zu sein und ein wenig gelangweilt auszusehen, ist die aktuelle Mode, also müssen wir das bis zu einem gewissen Grad nachahmen. Es kann helfen, wenn Sie sich eine Kunstfigur ausdenken, die Ihren inneren Schweinehund kanalisieren kann, wenn es um Selfies geht. Denken Sie an Figuren wie Beyoncés »Sasha Fierce« oder Eminems »Slim Shady« und entwerfen Sie eine für sich selbst.

Gefühle sind Freunde

Im Alltag sehen wir meist eine Seite der Menschen, denen wir begegnen: den lächelnden, glücklichen Menschen. Aber wo ist der Rest von ihnen? Emotionen sind das Mächtigste, worauf Sie zurückgreifen können, um Ihr Publikum in Ihren Bann zu zie-

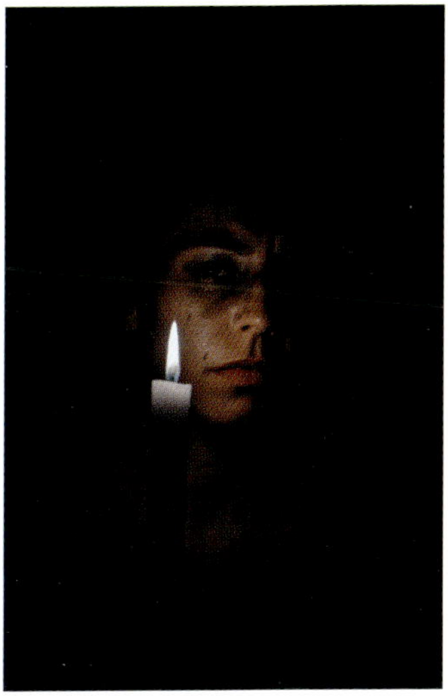

Ich machte eine emotional sehr schwere Zeit in meinem Leben durch, und ich beschloss, mich diesen Gefühlen zu stellen und Kunst durch Schmerz zu schaffen. Die Kerze lieferte die perfekte Lichtquelle, die eine Schräge des Bildes beleuchtete und eine düstere Stimmung verbreitete.

hen. Denn Emotionen offenbaren Geschichten, Tiefe und Dramatik, die wie magnetische Anziehungspunkte für Menschen sind.

Wir alle haben emotionale Schmerzen durchgemacht, einige mehr als andere. Vielleicht haben Sie versucht, auf konventionelle Weise damit umzugehen, und ich hoffe, Sie haben Fortschritte gemacht. Aber ich möchte Ihnen vorschlagen, dass Sie Ihre Emotionen in Ihrer Kunst nutzen, um tief in den Schmerz einzutauchen – vielleicht finden Sie das therapeutisch. Ich kenne Ihre persönliche Situation nicht; ich kann nur berichten, wie mir dieser Prozess hilft. Nachdem ich selbst fast eine Trennung durchgemacht hatte, drückte ich meine Gefühle durch meine Kunst aus. Die Fotos und Videos, die ich in schmerzlichen Zeiten schaffe, gehören zu meinen aufrichtigsten, oft originellsten und fesselndsten Werken.

Denken Sie daran, dass keines dieser Bilder mit jemandem geteilt werden muss, geschweige denn mit der ganzen Welt. Sie können Ihre Kunst auch einfach für sich behalten. Denken Sie daran, dass einige der mächtigsten Kunstwerke Herzschmerz, Aufruhr und Tragödie eingefangen haben. Wenn Ihr Schmerz geheilt ist, kann es eine Ehre sein, anderen mit Ihren Werken zu helfen.

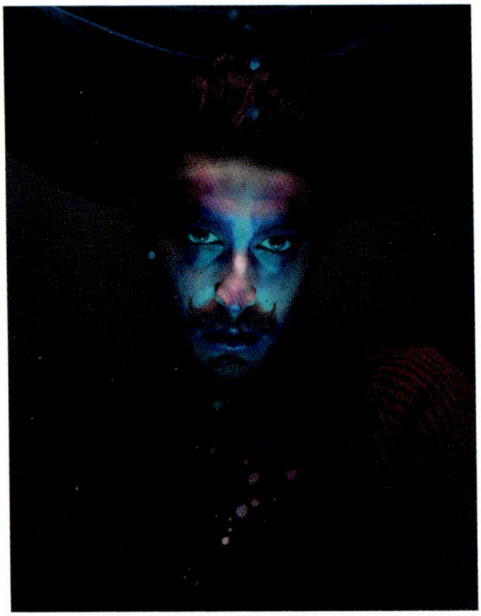

Germán Luque
Spielen Sie mit dem, was Sie sind. Sie müssen nicht in jedem Post die gleiche Person sein. Wen sehen Sie in diesem Selbstporträt »Broken Smile«? Einen interstellaren Kriegsherrn, ein futuristisches Medium oder etwas anderes? Glauben Sie, dass das wirklich Luque ist? Achten Sie darauf, wie die Beleuchtung damit funktioniert, ebenso wie die Schminke.
@germanluquephoto

Überraschen Sie

Wie ich bereits erwähnt habe (siehe Seite 31), sollten Sie mit dem Advanced Selfie auch ihr düsteres Ich oder die Seiten Ihrer Persönlichkeit erforschen, die Sie bisher unterdrückt haben. Damit können Sie Werke schaffen, die keiner von Ihnen erwartet hat.

Im täglichen Leben bin ich seltsam, hyperaktiv und überdreht, ein echter Wildfang. Das sollten meine Bilder natürlich widerspiegeln, oder? Falsch. Die meisten von ihnen sind sexy, schön, verführerisch, feminin, ernst und launisch. Den Unterschied sehen Sie bei mir auf Instagram (@sorelleamore) und auf meinem YouTube-Kanal (Sorelle Amore). Sie werden einen klaren Unterschied zwischen meiner Persönlichkeit und meiner Kunst sehen. Aber dieser Kontrast besteht, weil ich gelernt habe, Teile von mir selbst zu kanalisieren, die im täglichen Leben unterdrückt werden.

Ich ermutige Sie, dies als ein Werkzeug zu benutzen, wenn Sie Ihre eigene Kunst schaffen. Aber stellen Sie nicht Ihr Schattenselbst oder eine andere Version von sich dar, weil Sie in einem bestimmten Licht wahrgenommen werden wollen. Tun Sie es für sich selbst, damit Sie Ihre Fantasie ausleben können, besonders sexy, schmutzig, wütend, provokativ oder experimentell.

Lippen sollen sprechen, nicht schmollen

Genau wie die Augen kann auch der Mund tausend Geschichten erzählen, ohne ein einziges Wort auszusprechen. Erstens, streichen Sie den Schmollmund oder das Duckface. Es sieht nicht gut aus, sah noch nie gut aus und hatte noch nie einen Platz in Kunst, Mode oder anderen hochwertigen Bildern. Es wird Sie auch kindisch und unreif aussehen lassen, was nur dann gut ist, wenn das die Figur ist, die Sie spielen wollen.

Entspannen Sie sich stattdessen und experimentieren Sie mit Ausdrücken, die für den Mund natürlicher sind – solche, die man verwenden würde, wenn man bestimmte Emotionen kanalisiert. Wenn Sie sich nicht sicher sind, wie Sie die gewünschten Ergebnisse erzielen können, verbringen Sie eine Woche damit, nur Mund, Zunge und Zähne zu fotografieren, während Sie versuchen, verschiedene Emotionen darzustellen. Kleiden Sie Ihren Mund mit verschiedenen Requisiten wie Make-up, Blumen, Obst oder anderen Gegenständen ein. Mit ein wenig Übung werden Sie zu einem Meister Ihres Mundes.

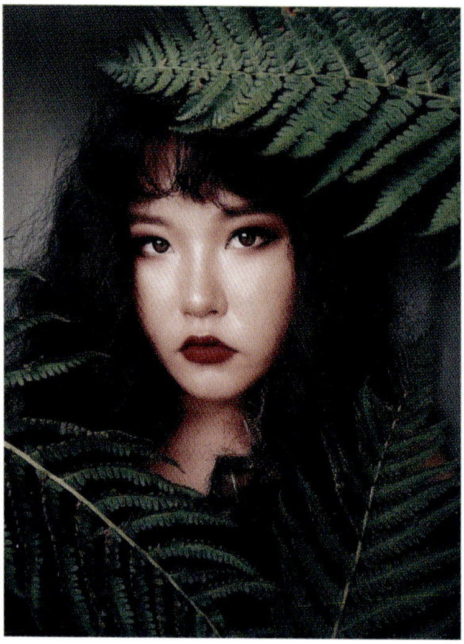

Anura Liz
Setzen Sie Ihre Augen genauso ein wie Liz hier, und Sie werden ein Bild voller Kraft und Selbstvertrauen schaffen. Sobald Sie dem Betrachter ein engagiertes Augenpaar präsentieren, wird das seine Aufmerksamkeit erregen, also bringen Sie den Rest der Komposition nicht durcheinander. Die Farnblätter verleihen dem Bild nur einen Hauch von zusätzlichem visuellen Interesse.
@anura_liz

Hinschauen oder nicht?

Wann schauen Sie in die Kamera, und wann schauen Sie weg? Diese Frage werden Sie sich oft stellen, wenn Sie Ihre Advanced Selfie-Reise beginnen. Und wie immer machen das Üben und Experimentieren große Fortschritte. Ich probiere immer eine Vielzahl von Augenpositionen aus, wenn ich nach einem bestimmten Bild strebe, vom direkten Blick in die Kamera über den Seitenblick bis hin zum Aufblick aus dem Augenwinkel und sogar dazu, die Augen geschlossen zu halten. Mit genügend Testaufnahmen werden Sie feststellen, was funktioniert.

Es ist eine allgemeine Faustregel, dass der direkte Blick in die Kamera Vertrauen und Gewissheit vermittelt. Bei verträumteren Aufnahmen oder Aufnahmen in einer Fantasieumgebung sollten Sie so tun, als wäre die Kamera nicht da, um den Betrachter als Beobachter in die Szene zu bringen.

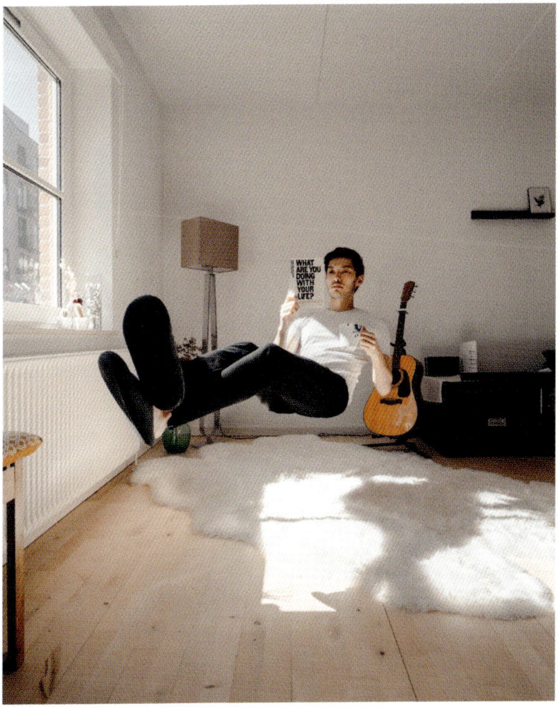

Jérémie Kung
In dieser skurrilen Aufnahme hat sich Kung knapp jenseits des Mittelgrundes, im hinteren Drittel des Bildraums, platziert, um dem Foto Tiefe zu verleihen. Aber natürlich ist es seine Bearbeitung mit Photoshop, mit der er den Stuhl entfernt hat, die das Bild wirklich eindrucksvoll macht.
@jeremiekung

Die mittlere Tiefe vermeiden

Ein häufiger Fehler, den Anfänger machen, ist ihre Positionierung mitten im Bild. Sie landen in einer Art Mittelzone, was gegen die Regeln der Fotografie verstößt und zu einem fertigen Produkt führt, das dem Auge nicht gefällt. Achten Sie darauf, dass Sie der Drittelregel folgen und für die endgültige Komposition näher heran oder etwas zurücktreten.

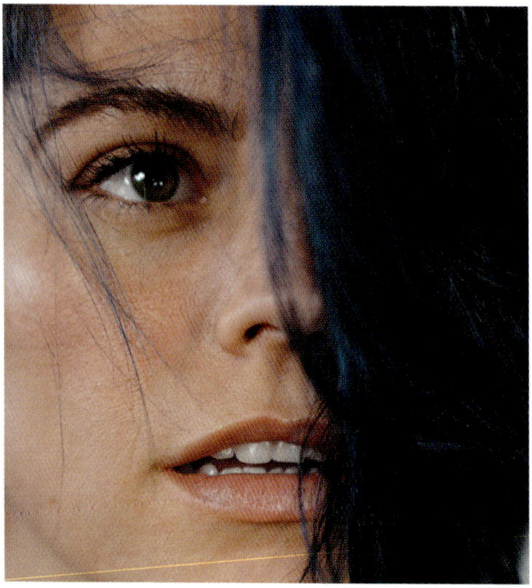

Kleine Elemente von uns selbst können herausgelöst und zum Mittelpunkt des Bildes gemacht werden. Es gibt genug Interesse und Schönheit in den galaktischen Details des Auges oder der weichen Wölbung der Lippen, um ein eigenständiges Kunstwerk zu schaffen. Und wenn Sie sich nicht so sicher sind, Ihr ganzes Selbst zu zeigen, kann es wirklich helfen, sich stattdessen auf die winzigen Details zu konzentrieren.

Ihr Gesicht ist eine Landschaft

Die Details und Winkel eines menschlichen Gesichts können hypnotisierend sein. Fangen Sie sie so gut Sie können ein. Am besten lernen Sie das mit bewusst extremen Nahaufnahmen von sich selbst, bei denen das gesamte Bild mit Ihrem Gesicht ausgefüllt ist, vom Kinn bis zum Scheitel. Diese extremen Nahaufnahmen sind gut, um Augen, Nase oder Mund zu verstärken, um interessantes Make-up zur Geltung zu bringen oder um sich auf einen bestimmten Ausdruck zu konzentrieren.

Führen Sie eine Übung durch, bei der Sie etwa eine Woche lang nichts anderes tun, als Ihr Gesicht aus nächster Nähe zu fotografieren, mit Variationen in Ausdruck, Make-up, Emotionen und Requisiten. Sie können auch mit Spiegeln eine Reflexion einfangen, herumspielen, was das Interesse steigern und Ihnen helfen kann, das menschliche Gesicht besser einzufangen.

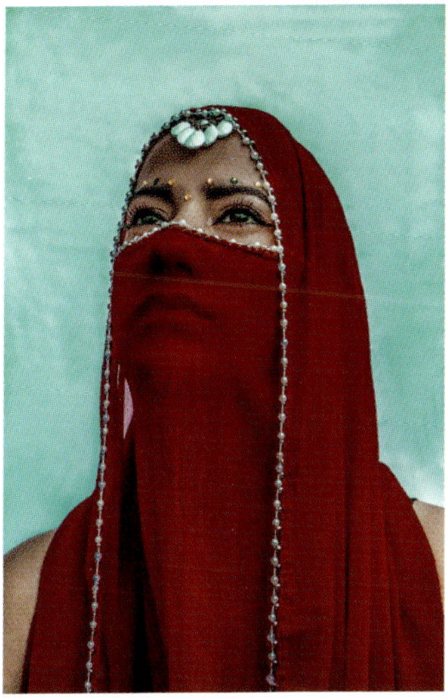

Anjali Choudhary
Rot und Blau sind dem Farbkreis folgend Kontrastfarben. Das tiefe Rot ist hier kräftig, und es wird durch den deckenden cyanfarbenen Hintergrund noch verstärkt.
@anjalichoudharyblog

Konflikt der Farben

Die Kunst der Farbtheorie oder die Frage, warum bestimmte Farben besser miteinander (oder gegeneinander) funktionieren, kann Ihre Arbeit drastisch verbessern. Auch wenn unsere Kameras moderne technologische Wunderwerke sein mögen, ist die Farbtheorie definitiv kein neues Konzept. Die Art und Weise, wie wir heute über Farbe denken und wie bestimmte Farben miteinander harmonieren, aufeinanderprallen und zusammenarbeiten, basiert auf dem ersten Farbkreis, der 1666 von Sir Isaac Newton geschaffen wurde – ja, der Typ, der die Theorie der Schwerkraft entwickelte, nachdem er einen Apfel vom Baum fallen sah. Die Farbtheorie geht davon aus, dass einige Farben natürlich besser miteinander funktionieren als andere, dass Farben sich gegenseitig ergänzen und eine Szene oder ihre Stimmung radikal verändern können.

Aber was hat das mit Ihnen und Ihren Selfies zu tun? Die Farbtheorie kann einfach oder in einer viel komplexeren Weise aufgegriffen werden. In der Farbpsychologie wird die Farbe Rot mit

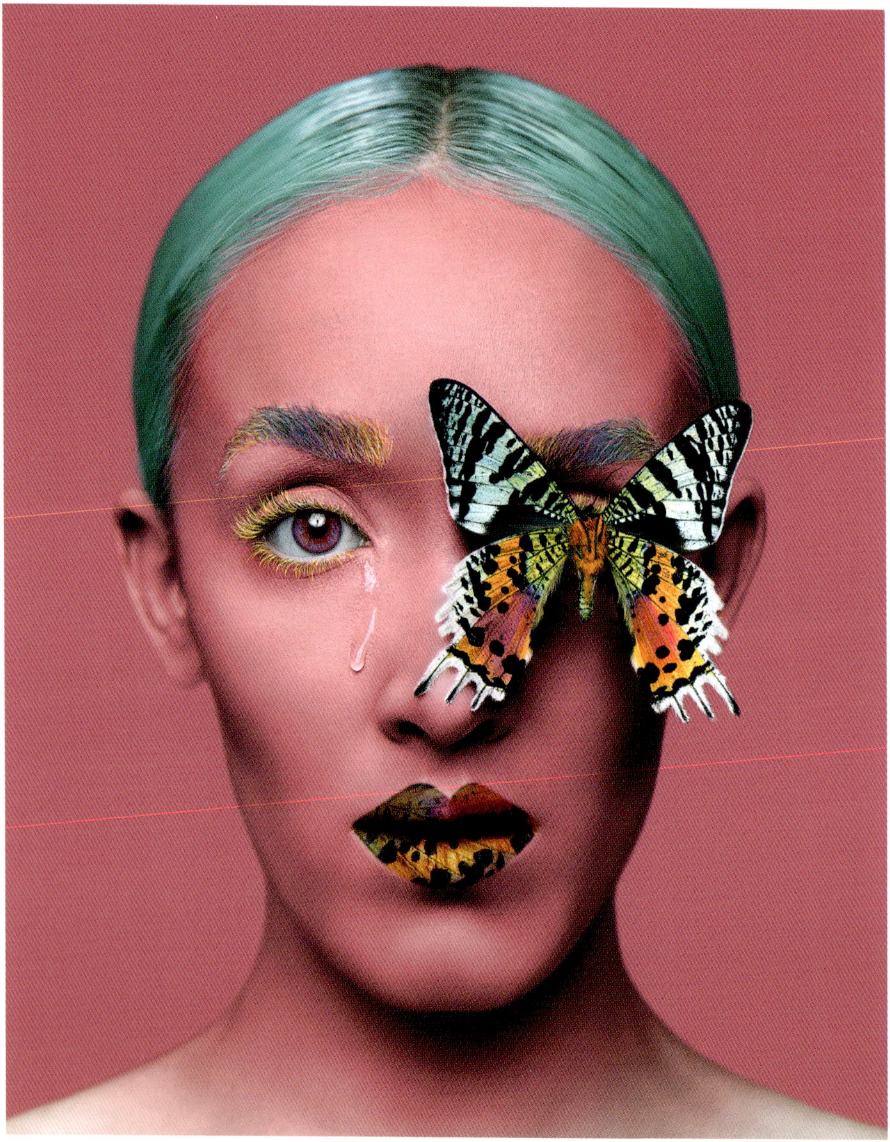

Claire Luxton
Für die zeitgenössische Künstlerin Luxton hat »Farbe die Fähigkeit zur nonverbalen Kommunikation und weckt dabei Emotionen: eine Erinnerung, einen Geruch, eine Nuance in der Zeit.« In diesem Werk, Butterfly Tears (2020), beeindrucken der pinkfarbene Hintergrund und der leuchtende Regenbogen im Vordergrund den Betrachter, wobei die Träne im Kontrast dazu für Sorgen und Ängste steht.
@claireluxtonart

Leidenschaft, Schnelligkeit, Aggression und feurigen Emotionen verbunden; Gelb wird verwendet, um Optimismus, Glück, Energie und Wärme zu verkörpern; und Grün symbolisiert Gesundheit, Ruhe, Glück und Eifersucht. Unabhängig von der Komposition Ihres Bildes ist es wichtig zu wissen, wie wir auf bestimmte Farben reagieren, um eine bestimmte Geschichte oder Stimmung deutlicher zu vermitteln.

Die Farbtheorie beschreibt, wie bestimmte Farben miteinander gut harmonieren, um eine Szene aufzuwerten, während andere sich etwa so gut vermischen wie Öl und Wasser. Rot und Gelb funktionieren sehr gut zusammen, und diese Kombination kann man in Markenlogos und Werbung auf der ganzen Welt sehen. Blau und Grün werden oft zusammen gesehen, ebenso wie Gelb und Blau. Einige Farbkombinationen, die vielleicht härter für die Augen sind (aber wenn Sie wilde Farbkombinationen lieben, könnten Sie natürlich anderer Meinung sein), sind Rot und Orange, Violett und Gelb oder Grün und Orange.

Sie müssen sich nicht nur an harmonische Farben halten – Sie können mit Farbtönen, die in der Regel nicht zusammenpassen, erhebliche Wirkung erzielen. Sie könnten sich vor einem faden oder farblosen Hintergrund hervorheben, indem Sie sich mit einer wütenden Mischung aus kollidierenden, nicht aufeinander abgestimmten Farben kleiden oder die bewährte Hollywood-Mischung aus Orange und Blaugrün verwenden, um sich in einer Szene hervorzuheben. Ihnen sind nur durch Ihre Vorstellungskraft und die Wirkung, die Sie mit Ihrem Kunstwerk erzielen wollen, Grenzen gesetzt.

Das effektivste Werkzeug, das Sie in Ihrem Arsenal haben, wenn es um die Beherrschung von Farbe geht, ist der Farbkreis. Beginnen Sie, mit dem Kreis als Teil Ihres künstlerischen Ausdrucks zu experimentieren. Alle Farben, die einander gegenüberliegen, kontrastieren und werden Komplementärfarben genannt.

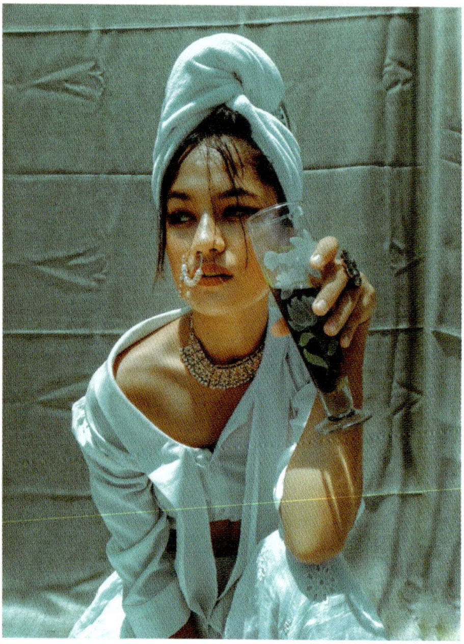

Richa Shahi
Shahi's lässige Pose und das um ihr nasses Haar gewickelte Handtuch sind das erste, was man sieht, wenn man dieses Bild betrachtet. Aber sie trägt auch volles Make-up und Schmuck. Es ist diese Art von Dualität, die Ihren Porträts eine zusätzliche Ebene des Interesses verleiht.
@richashahii

Geschliffene Schönheit oder grundloser Rebell

Der Kontrast ist eines der lohnendsten Werkzeuge für einen Fotografen. Zum Beispiel zeigt eine rebellische Figur in einem Meer von perfektem Porzellan, wie viele von uns sich fühlen, wenn von uns erwartet wird, der Welt ein glückliches Gesicht zu geben. Oder das perfekte primitive und angemessene Motiv, umgeben von einer chaotischen Szene, enthüllt vielleicht das genaue Gegenteil. Versuchen Sie, sich davon zu distanzieren, nur eine einzige Dimension in Ihrer Kunst zu haben, da sie sonst fad und wenig neuartig wirken könnte. Ein »deplatziertes« Element kann genau das sein, was Sie für Ihr Werk brauchen.

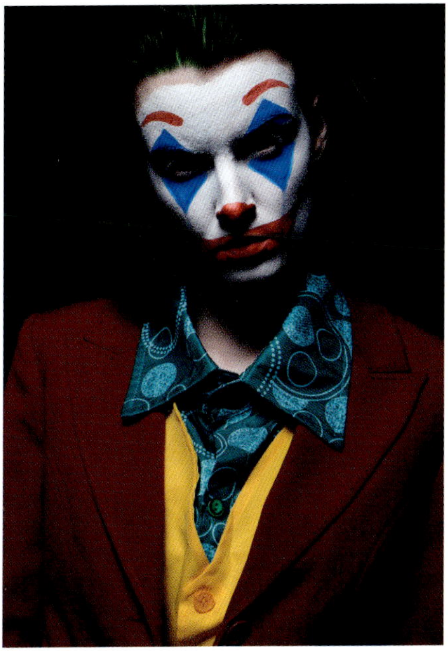

Vanessa Woitenas
In diesem Porträt, *Joker*, verwendet Woitenas ein volles Make-up, um einen vertrauten, bedrohlichen Charakter zu schaffen. Schauen Sie unter die Schminke und Sie sehen einen strengen Ausdruck, der die kräftigen Linien und Formen, die in der Schminke umrissen sind, ergänzt.
@lejoninna.art

Make-up sollte ausdrucksstark sein

Make-up kann der beste Freund eines Fotografen sein. Ein Geschäftsmann im Anzug, der inmitten einer geschäftigen Stadt fotografiert wird und Clown-Make-up trägt, wird sicherlich die Aufmerksamkeit des Betrachters auf sich ziehen. Eine nackte Frau, die in Not ist, aber ein makelloses Make-up trägt, kann Verwirrung oder Unsicherheit auslösen, um eine andere Geschichte zu erzählen. Ein nacktes, ungeschminktes Gesicht vermittelt Verletzlichkeit oder Demut, und das allein kann ein mächtiges Mittel sein, um eine Bindung zum Betrachter herzustellen. Es gibt online endlose Beispiele dafür, wie man eine Geschichte mit Make-up gestalten kann.

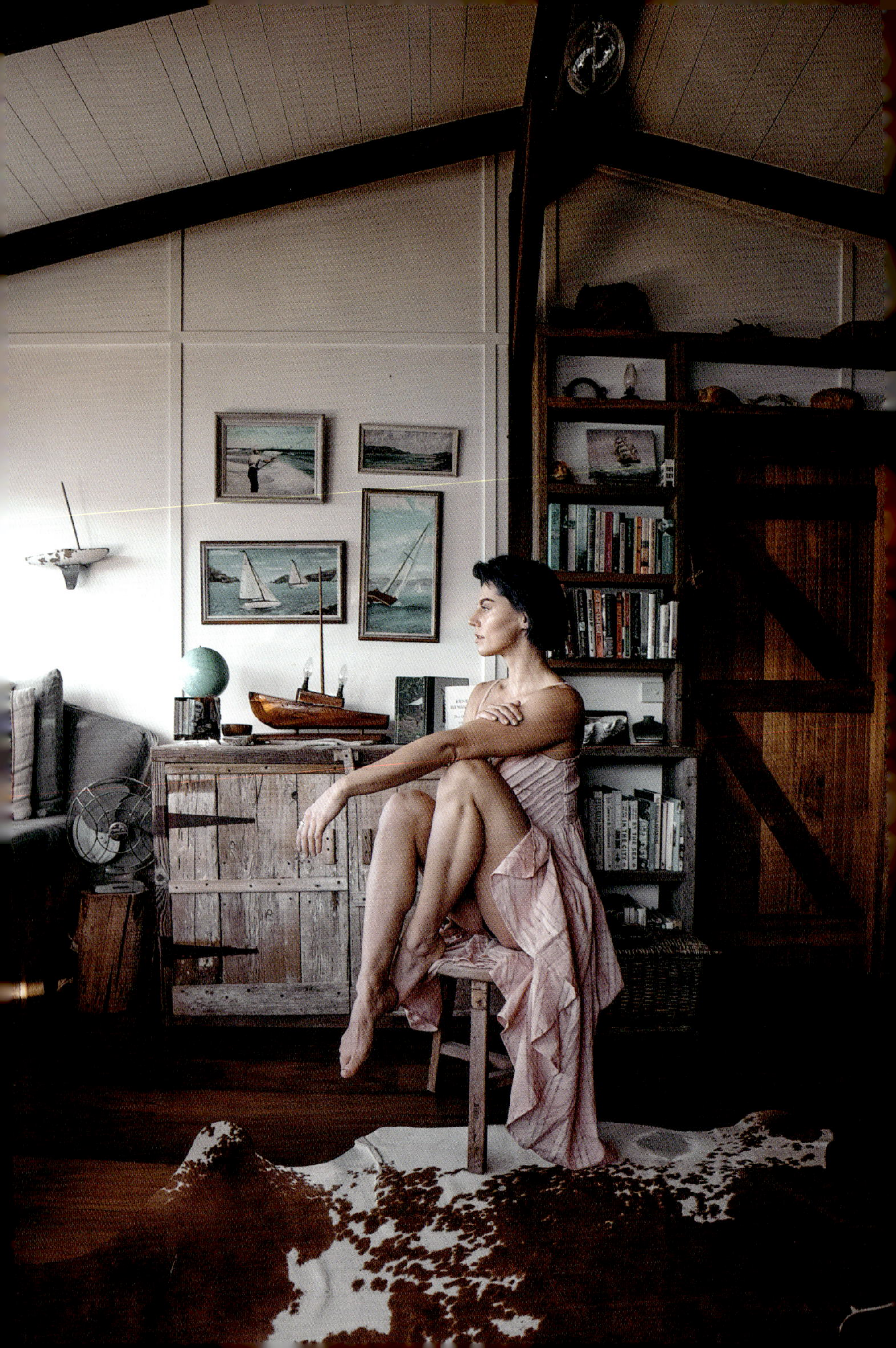

Auf die nächste Stufe

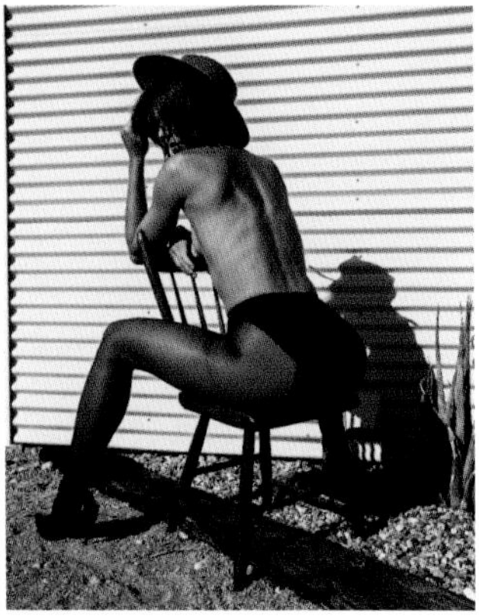

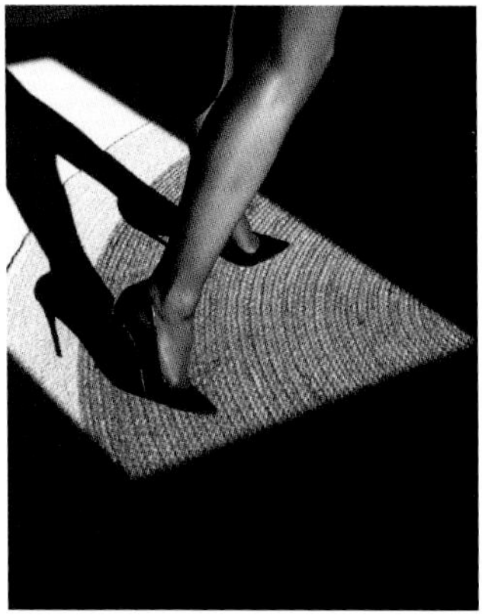

Dies ist eine meiner bisher beliebtesten Serien. Ich trage im Alltag keine Absätze, aber ich wollte die neue erwachsene, weibliche Version von mir feiern, die ich gerade erst entdeckt hatte. Ich spielte mit Schatten und Outfits und ein Alter Ego war geboren. Es ist eine Freude, diese Fotos anzuschauen, wenn ich mich niedergeschlagen fühle. Es erinnert mich daran, dass ich eine Königin sein kann.

Wie viele Beispiele gibt es?

Wenn Sie Ihre Kreativität entfesseln, kann es von Vorteil sein, sich selbst nur als das Motiv eines Bildes oder einer leeren Leinwand zu betrachten. Sie können einfach nur ein Modell in einem Kunstwerk sein. Manchmal entsteht die größte Kunst, wenn man sich völlig loslöst und sich selbst als Figur in einem Film oder als Schaufensterpuppe in einem Schaufenster betrachtet. Wenn man sich selbst in diesem Licht wahrnimmt, sind dem, was man mit dieser leeren Tafel schaffen kann, keine Grenzen gesetzt.

Wenn Sie einmal nicht weiterkommen, gibt es viele Möglichkeiten zur Inspiration. Blättern Sie durch einige Modemagazine, schlendern Sie durch eine Kunstgalerie, machen Sie einen Spaziergang durch einen Park oder die Landschaft, oder scrollen Sie durch Ihren Instagram-Feed. Finden Sie, was Ihnen gefällt oder was Ihre Aufmerksamkeit fesselt, und kreieren Sie Ihre eigene, wunderschöne, einzigartige Version davon. Und vor allem: Viel Spaß bei der Arbeit.

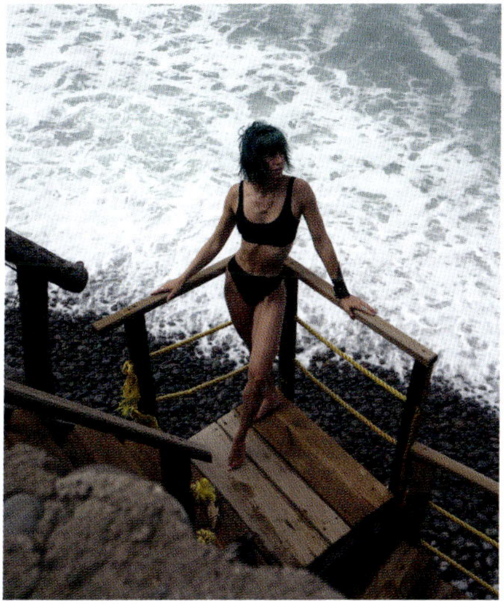

RAW-Bild
Wie viele verschiedene Fotos können entstehen, wenn man einfach die Farbe ändert? Hier ist die nicht bearbeitete Version.

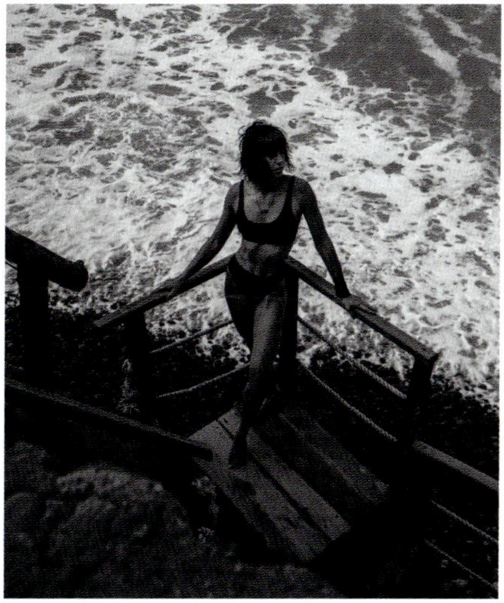

Schwarzweiß
In schwarz-weiß ist es sofort stimmungsvoller, und man konzentriert sich auf die Details des Schaums, die Schatten und das Licht, das auf meine Haut trifft. Für mich vermittelt das Glamour.

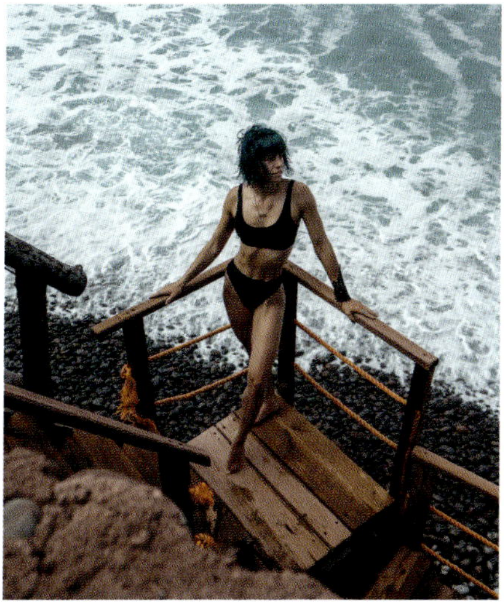

Vintage
Hier habe ich ein Vintage-Feeling bei meiner Bearbeitung angewendet. Der Kontrast von Orange und Türkis lässt dieses Bild für mich besonders hervorstechen. Aber durch das Hervorheben der Orangetöne habe ich mir auch eine sofortige Bräune verschafft, worüber ich nicht böse bin.

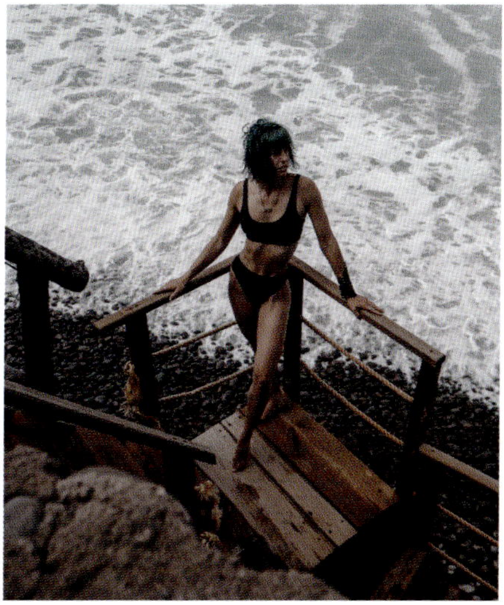

Reduzierte Farben
Ich liebe es, den Bildern Farbe zu nehmen und eine begrenzte Menge zu belassen, die dazu beiträgt, eine ganz bestimmte Stimmung zu erzeugen. In diesem Fall geben die warmen Brauntöne ein sattes Vintage-Gefühl.

Vom Selfie zum Kunstwerk

Würde ein Bildhauer sagen, sein Kunstwerk ist fertig, bevor es montiert wird? Oder würde eine Komponistin ihr Orchesterstück als vollendet betrachten, ohne den musikalischen Input, der durch das Spielen auf echten Instrumenten hinzugefügt wird? Wahrscheinlich nicht. Genauso verhält es sich mit Bildern.

An dieser Stelle möchte ich Sie ermutigen, sich in Fotobearbeitungsprogramme wie Lightroom und Photoshop zu verlieben, die unendliche Möglichkeiten zur Ton- und Farbkorrektur bieten. Wenn ein Bild aus Ihrer Kamera kommt, sind die Farben im Allgemeinen realistisch. Dagegen ist nichts einzuwenden, aber es gibt eine Menge an Ton, Emotion und Gefühl, die durch einfache Farbanpassungen oder kleinere Bearbeitungen der Szene hinzugefügt werden können. Das Schöne daran ist, dass Sie Ihrer Kunst Dimensionen hinzufügen können, die nicht möglich wären, wenn Sie einfach akzeptieren würden, was aus Ihrer Kamera herauskommt.

Während ich das Fotografieren lernte, verbrachte ich manchmal acht Stunden oder mehr am Tag damit, mit den endlosen Einstellungen in Lightroom herumzuspielen. Heute kann ich mir nicht mehr vorstellen, ein Bild freizugeben, ohne zumindest die Farben leicht zu verändern, um ihnen den perfekten Ton und das perfekte Gefühl zu geben. Wenn Sie wollen, dass Ihre Bilder unwiderstehlich werden, ermutige ich Sie, das Gleiche zu tun.

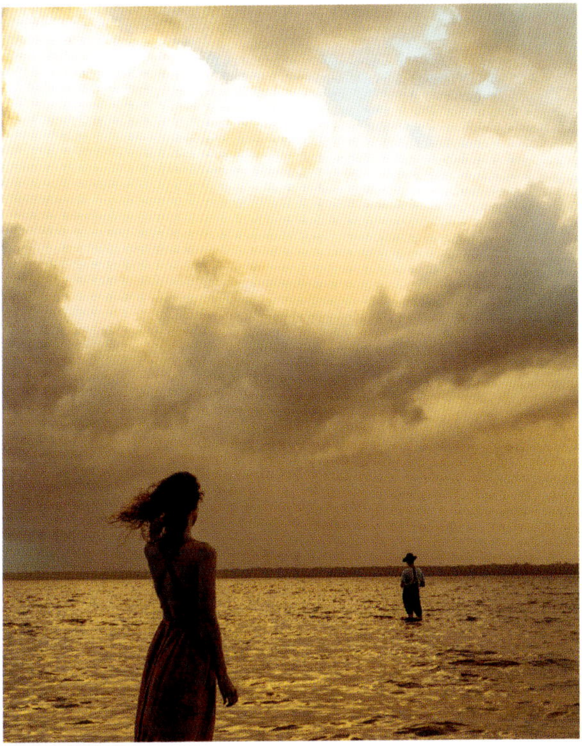

Elle-May Watson
Dieses Foto wurde vor einem gewaltigen Gewitter aufgenommen. Um dieses besondere Gefühl von Sommerregen und Tropenstürmen hervorzurufen, hat Watson die Lichter und Schatten mit Gelb und Orange aufgewärmt – das Foto hatte ursprünglich viel mehr Blau und Rosa.
@ellemaywatson

Bearbeiten

Wie Sie Ihre Bilder bearbeiten, hängt von Ihnen ab, nachdem Sie einige Ansätze ausprobiert haben. Meine einzige Warnung ist: Trauen Sie nicht unbedingt sofort Ihrer persönlichen Vorliebe. Das Auge des Anfängers erkennt nicht immer sofort, was großartige Bearbeitung so großartig macht. Am Anfang werden Sie wahrscheinlich die Sättigung verstärken, auch wenn es ungünstig ist, Sie werden die Schärfe zu sehr erhöhen oder Ihr Bild schwarzweiß machen, wenn es nicht passt. Glauben Sie mir – ich habe all diese Fehler selbst gemacht. Aber mit etwas Übung und viel Zeit werden Sie allmählich wissen, was funktioniert.

Studieren Sie, was Profis tun, und ahmen Sie das zunächst einmal nach. Irgendwann werden Sie Ihren eigenen Stil finden. Ich weiß, es mag schwierig sein, andere direkt zu kopieren, aber letztendlich wird das, was Sie nachahmen, in Ihrer Arbeit ein Eigenleben entwickeln.

Der einfachste Weg, um gleich zu Beginn gut bearbeitete Bilder zu erhalten, sind die Lightroom-Voreinstellungen, mit denen Sie Ihre Bilder mit einem Klick perfekt bearbeiten können. Die meisten berühmten Instagram-Fotografen verkaufen ihre eigenen Voreinstellungen, sodass Sie ihren Stil kopieren können. Ich habe auch so angefangen, nutze inzwischen aber meine eigenen Voreinstellungen. Sie finden sie unter www.sorelleamore.com/shop – sie sind auf Desktop- oder Mobilgeräten verwendbar.

Eine Serie

Es ist großartig, mit einem Funken Inspiration ein einziges Bild zu schaffen. Aber haben Sie jemals daran gedacht, aus diesem einen Konzept eine Serie zu machen? Eine Serie kann eine Idee verlängern oder erweitern und sie in eine Reihe von Kunstwerken oder Inhalten für Ihre sozialen Medien verwandeln. Der rote Faden könnte ein Outfit, eine Maske, eine Kulisse oder ein Szenario sein, mit leichten Änderungen in jedem Bild. Sie können auch eine längere Geschichte über mehrere Fotos hinweg erzählen. Wenn Sie das nächste Mal ein schönes Bild machen, fragen Sie sich: »Könnte dies der Anfang einer Serie sein?«

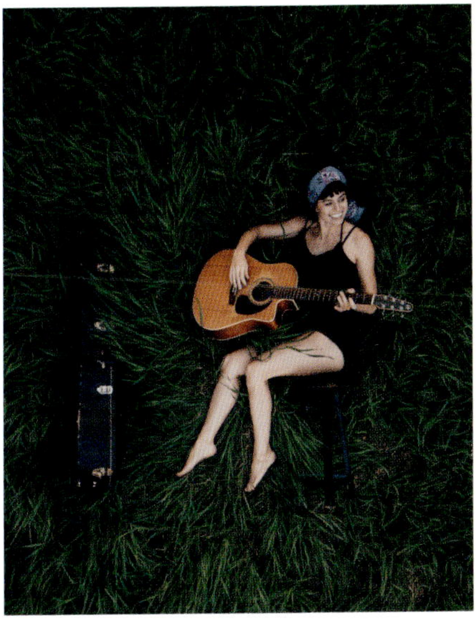
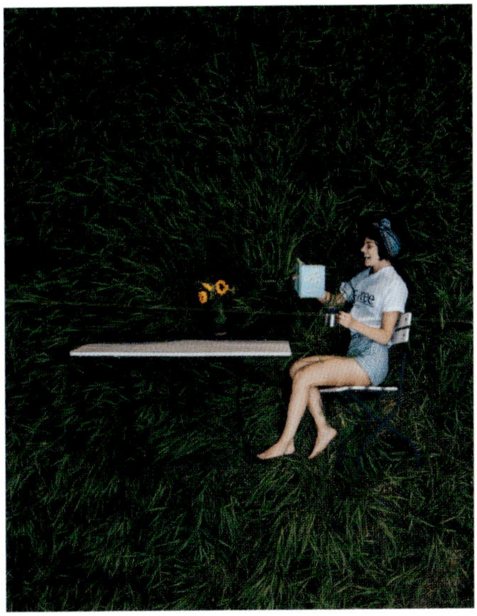
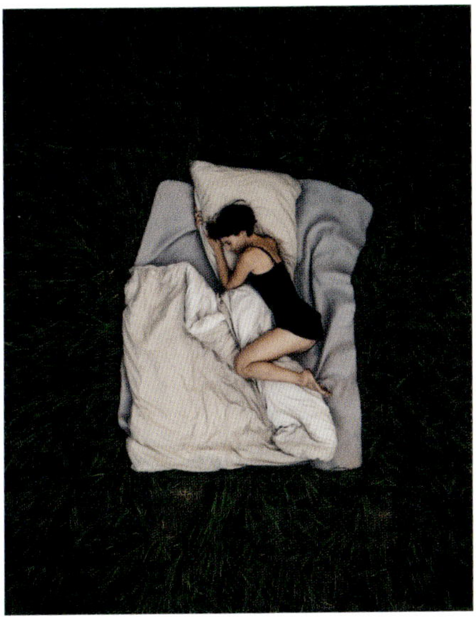
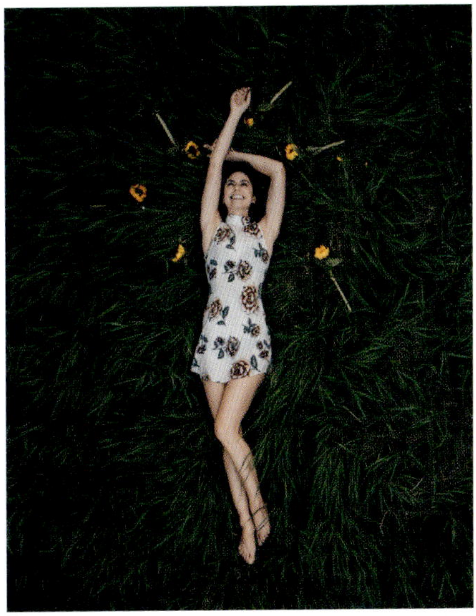

Ich hatte bei diesen Fotos immer ein Lächeln im Gesicht. Was für eine einfache Art, eine unendliche Fotoserie zu haben. Ziehen Sie sich um, wechseln Sie die Requisiten und das Gras wird für immer die perfekte Kulisse für Ihre von Drohnen unterstützten Advanced Selfies sein.

Das Advanced Selfie im Alltag

Das Leben ist kostbar, und das Leben ist schön. Aber für uns alle wird es eines Tages enden. Wir alle haben es schon einmal gehört: Es gibt nichts Wichtigeres auf dieser Welt als die Dinge, die nicht ersetzt werden können, wie unsere Freunde, unsere Lieben und unsere Familie.

Das Advanced Selfie ist ein unglaubliches Werkzeug, um sich selbst zu feiern. Aber wenn Sie diese Kunst einmal beherrschen, kann es eine fantastische Möglichkeit sein, Menschen in Ihrem Leben einzufangen, die Sie lieben und die eines Tages diese Erde verlassen werden. Nicht nur das. Es ist auch eine Möglichkeit, sich selbst zu erhalten, damit sich Ihre Kinder und zukünftige Generationen an Sie erinnern werden. Ein einfaches Familien-Selfie kann zur Kunst erhoben werden, wenn Sie in der Lage sind, es mit einer Gruppe in die Praxis umzusetzen. Und wenn Sie Ihren Freunden und Familienmitgliedern Anleitung geben, wie sie vor der Kamera auftreten können, werden alle zufrieden sein.

Wie ich zu Beginn dieses Buches sagte, ist das Advanced Selfie viel mehr, als es scheint. Verwenden Sie also dieses Werkzeug, um die wichtigsten Teile Ihrer persönlichen Geschichte festzuhalten, damit sie ewig dauern.

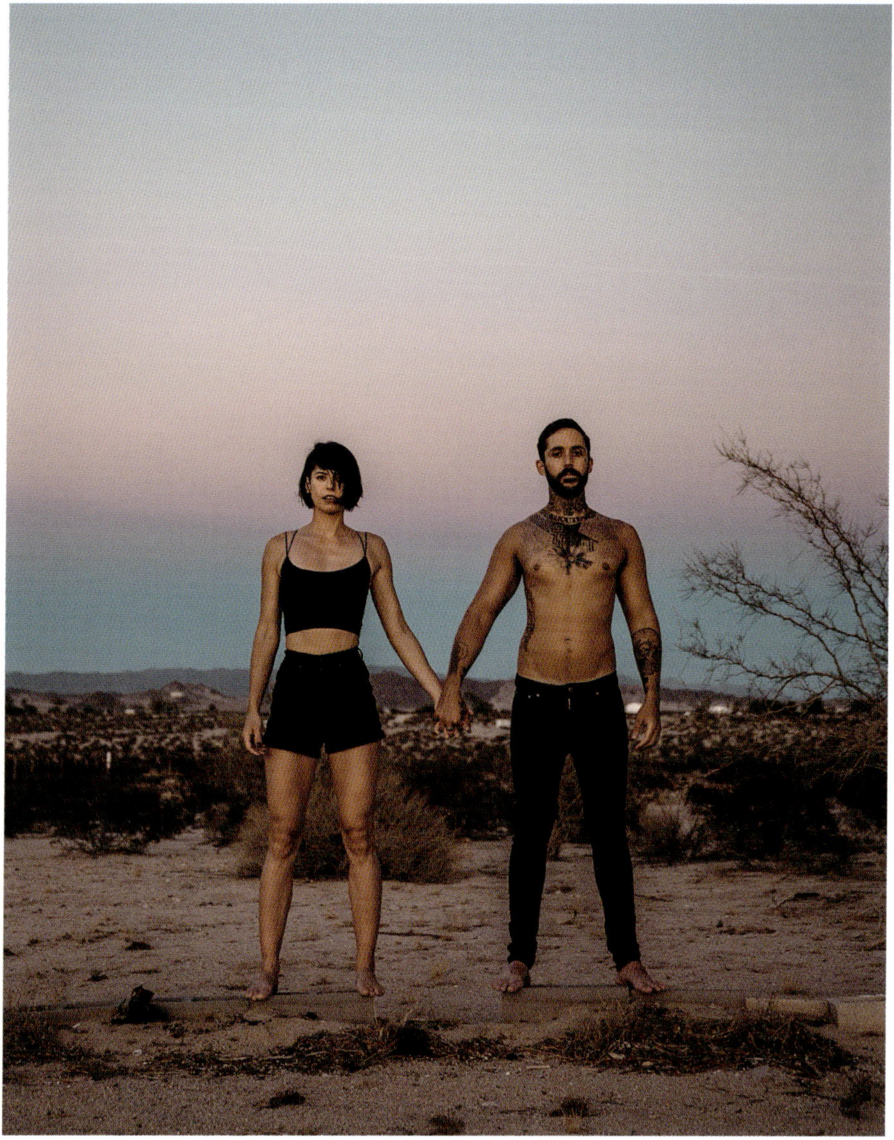

Kein Foto, das ich je gemacht habe, ist für mich so besonders wie dieses. Mein Mann und ich hatten gerade den atemberaubendsten Sonnenuntergang bestaunt. Schnell bat ich Leon, meine Hand zu halten und in unserer Pose Kraft zu vermitteln, um unsere unzertrennliche Verbundenheit zu zeigen. Es ist die einfachste Pose, aber sie spricht Bände. Ich werde dieses Bild für immer in Ehren halten, denn es fängt unsere Liebe ein.

Index

Seitenzahlen in **fett** beziehen sich auf Bilder.

Wohin jetzt?
Weitere Informationen zu allem, was Sie gerade gelesen haben, finden Sie auf meiner Website www.sorelleamore.com. Dort finden Sie weitere Ressourcen, die Ihnen helfen, Ihre eigene Selbstfotografie zu meistern und mehr über das Advanced Selfie zu erfahren. Sie können Teil meiner Advanced Selfie University werden, indem Sie zu www.advancedselfie.co gehen und sich mit Tausenden von anderen Studenten zusammentun. Schließlich können Sie mich auf Instagram und YouTube unter @SorelleAmore finden, und bitte taggen Sie #AdvancedSelfie in all Ihren Bildern online, damit ich die schöne Kunst, die Sie schaffen, finden kann.

Die Autorin
Sorelle Amore ist eine bekannte Fotografin, Filmemacherin, Influencerin und Geschäftsfrau, die seit 2016 Millionen von Anhängern rund um den Globus dazu inspiriert hat, sich von der Idee, eine arme Künstlerin zu sein, zu verabschieden. Sorelle wurde in zahlreichen globalen Medien wie Forbes, Business Insider, Cosmopolitan, Buzzfeed, Daily Telegraph, News.com.au und vielen anderen vorgestellt.

Dank
Manchmal, wenn ich merke, dass ich eine globale Bewegung rund um das Advanced Selfie erschaffen habe, bringt mich das leicht zum Kichern, aber dann erinnere ich mich daran, wie sehr diese seltsame kleine Sache das Leben verändert. Das erwärmt mir das Herz. Ich bin froh, dass eine »dumme Idee« von mir so viel Gutes bewirken konnte.

Vielen Dank an alle, die sich dieser Kunstform verschrieben haben, die so viel Freiheit des Ausdrucks ermöglicht und Bilder von sich selbst geschaffen hat, die die Vision, die sie vor ihrem geistigen Auge haben, genauer wiedergeben.

Ich bin meinem Freund Leon Hill ewig dankbar, dass er meine geschäftlichen Unternehmungen unterstützt. Er ist nicht nur viel geschickter im Umgang mit dem geschriebenen Wort als ich, sondern auch dafür, dass er meine Gedanken so korrigiert hat, dass sie in diesem Buch viel zusammenhängender sind.

Ich danke meinen Eltern dafür, dass sie darauf bestanden haben, dass ich ein seltsames Leben führe, was dazu geführt hat, dass ich nie Beschränkungen ausgesetzt war, was ich tun kann und was nicht. Dieses Buch ist das Ergebnis Ihres bedingungslosen Glaubens an mich.

Danke an meine erste und wichtigste Fotolehrerin und beste Freundin Sasha Dobies von Sherbet Birdie Photography. Ohne sie wäre ich nicht da, wo ich jetzt bin. Allen anderen Mentoren auf dem Weg dorthin danke ich für Ihre Ermutigung und Ihren Glauben an mich.

Und vor allem danke ich allen meinen Freunden in den sozialen Medien. Ich liebe unsere Community und wie wir alle zusammen gedeihen und das Beste aus dem Leben machen. Wir sind großartig.

Machen Sie sich Ihre Macken zu eigen, machen Sie sich Ihre jetzige menschliche Hülle zu eigen. Geht jetzt da raus und leistet großartige Arbeit.

Sorelle

Bildnachweise
Autorin und Herausgeber danken den folgenden Künstlern für die Erlaubnis, ihre Bilder in diesem Buch zu reproduzieren. Es wurden alle Anstrengungen unternommen, um die Urheberrechtsinhaber zu nennen. Sollte es jedoch Auslassungen oder Fehler geben, wird der Herausgeber diese gerne in späteren Ausgaben dieses Buches korrigieren, wenn er schriftlich benachrichtigt wird.

S.13 Alexandra Nowak (@lex_nowak), S.19 Cinthya Bufano (@adrian128k), S.22 Lenke Magyary (@lenkexplores), S.27 Aida Đapo (@iddavanmunster), S.35 Bronte Huskinson (@frombeewithlove), S.60 Tana O'Hara (@tanaohara), S.63 Mari Moore (Model, Influencerin und Unternehmerin, @mari.moore_), S.64 Maya Washington (@mayasworld), S.65 Charlène Irakoze (@cha.rlene_), S.71 *The Hills*, Patty Maher (@pattymaher), S.73 Ouwen Mori, Selbstporträt, Certosa di Pavia, Italien, 1/2020 (@ouwenmori_selfportrait), S.81 Charlène Irakoze (@cha.rlene_), S.93 Nicole Campanello (@nicolecampanello), S.96 Brian Oldham, Selbstporträt, (@brianoldham), S.106 Riya Jude (@born.madness), S.107 Olaia Macías Rubio (@huertaderegletas), S.114 Rosie Hardy (@georgiarosehardy), S.119 Niela Lis (@niela.lis), S.120 Nassia Stouraiti (@nassias_), S.122 *Broken Smile*, Germán Luque (@germanluquephoto), S.124 Anura Liz (@anura_liz), S.125 Jérémie Kung (@jeremiekung), S.127 Anjali Choudhary (@anjalichoudharyblog), S.128 *Butterfly Tears* (2020), Claire Luxton, Contemporary Artist, @claireluxtonart, S.130 Richa Shahi (@richashahii), S.131 *Joker* by Vanessa/@lejoninna.art/Vanessa Woitenas, S.137 Elle-May Watson (@ellemaywatson).